国家秘藏
100年中国书

肖同庆◎编著

南方日报出版社
NANFANG DAILY PRESS
中国·广州

图书在版编目（CIP）数据

国家秘藏 ：100 年中国书/肖同庆编著. — 广州 ：南方日报出版社，2012.7
ISBN 978-7-5491-0375-1

Ⅰ. ①国… Ⅱ. ①肖… Ⅲ. ①藏书—图书史—中国Ⅳ. ①G259.29

中国版本图书馆 CIP 数据核字(2012)第 096863 号

GUOJIA MICANG

国家秘藏——100 年中国书　　肖同庆 编著

出版发行：南方日报出版社

地　　址：广州市广州大道中 289 号

电　　话：（020）83000502

经　　销：全国新华书店

印　　刷：广州市怡升印刷有限公司

开　　本：787mm×1092mm　1/16

印　　张：14.5

字　　数：260 千字

版　　次：2012 年 7 月第 1 版

印　　次：2012 年 7 月第 1 次印刷

定　　价：28.00 元

投稿热线：（020）83000503　读者热线：（020）83000502

网址：http://nf.nfdaily.cn/press/

目录

这是中国第一座面向世界招标的建筑，它取材圆明园，中西合璧，艳惊世界。1933年2月的一天清晨，一列满载文物的火车，驶出了前门火车站。北平图书馆的珍贵善本图书与故宫文物一起，开始了艰辛的南迁旅程。数以万册的唐人写经、宋元珍本将面临何种命运？后来人们称这是人类历史上规模最大、历时最长的文物大迁移。

1909年9月4日，北京的六国饭店正在举行一场招待宴会，参加者是在京的学界名人，包括学部侍郎宝熙、京师大学堂总监督刘廷琛、学部参事兼大学堂毛诗教习江瀚等，被招待的客人是从法国远道而来的伯希和。与会者感慨于伯希和的年轻才俊。然而，更让人惊讶的是伯希和在宴会上当场展示了他随身携带的一箱宝物：敦煌写本。百年前藏经洞的意外发现，袒露出千年前文明的真容。从大漠深处到京师馆藏，从遍访世界到缩微出版，敦煌遗书频频灵光闪现。

国图殷墟甲骨专藏库是国家图书馆最鲜为人知的藏室，这里恒温恒湿，神秘莫测。150个拉盖式木盒，木盒盒身选用上好的红木制作，配以红木作框、核桃木作心的盒盖，显得雍容华贵，光彩夺目。里面收藏了28450片甲骨。透过3000多年的时光，这些斑驳的甲骨仿佛在讲述着一个失落王朝的盛衰沉浮。从晚清中药铺到殷墟遗址，从王懿荣到罗振玉、王国维，演绎了20世纪初的一幕幕传奇。

自序

两年前，也就是2009年，是国家图书馆100周年诞辰，这是文化界的一件盛事，我应邀为其拍摄了一部八集的纪录片，在央视科教频道《探索发现》栏目播出。此稿原计十集，系统梳理了国家图书馆的百年历程。有朋友看到片子，一直鼓励我将纪录片稿整理出版，其间忙忙碌碌，一直拖到了2011年。

现在已经是信息化、网络化时代了，图书馆似乎早已远离人们的视线，在这个急遽变动转型的时代，回头重温一座图书馆的前世今生，别有一番悲壮的味道。从传统藏书楼到现代图书馆，从秘不示人的大内宝藏到没有围墙的公共图书馆，从浩如烟海的纸质图书到如今时尚流行的电子书，100年，特别是近几十年，文字背后波澜跌宕，书之聚散如此迅速，时代发展如此悖论丛生，尤为让人惊心动魄。当我们回望近代以来私家藏书的聚聚散散，回望国家图书馆的产生与发展，回望人与书的纠结缘劫的时候，不由得感叹社会变化的剧烈，文化命运的反复无常。

那种古典的繁盛景象确实消失了，那种传统意义上的藏书家时代确实一去不复返了。今天，一座现代化的图书馆傲然屹立，其中书如瀚海，而人迹罕至。幸还是不幸？

吴晗在《两浙藏书家史略》序言中说："晚近欧风东渐，各城市渐有图书馆之设，采集古今载籍，付之公开阅览，其用意至美至善。且其建筑大多先事预防，尽力于火灾及潮湿致腐之设备。其规模组织率较私人为宏大，其管理编列率较私人为精密。两者相律，私人藏书在将来之必归淘汰也无疑。"我们拍摄的纪录片讲述的就是这样的历史。

公共图书馆之兴起，对私家藏书楼的冲击是毁灭性的；更重要的是中国社会制度在近代以来的剧烈变革、观念嬗变和传统精神的式微，最终使私家藏书楼不可避免地走向衰落。版本校勘、考订札记、诗书礼仪、文人唱和、笔墨纸砚，这些中国古典文人“诗意的栖居”方式终于绝迹了，很少有人再以毕生精力来研习典籍，现代教育的垄断已使家学传承走入绝境，“耕读传家”式的宁静被打破，人与典籍的关系也开始疏远。而由字由画由诗由文培育了几千年的中国文明形态自此崩溃。没有宗教传统的国人与古典伦理的所有链条都宣告中断，检索灵魂的所有通道都被堵死了。当古典讲座沦为心灵鸡汤的时候，我似乎又看到了当年西方人所鄙夷的东方人躺在鸦片烟的迷雾中的那种猥琐样儿。这个国家很大，但只是一个空壳了。

国图的历史由沧桑而辉煌，在20世纪五六十年代，当私家藏书或藏书楼因私有财产的非法化再无立锥之地时，它们再一次被某种强力汇集到各大图书馆。遍及乡里的私人文化空间彻底萎缩，家学传承的链条断裂，学术资源和学术研究集中到大城市，整个的学术格局和文明布局被改变，大城市之外，几无学术或文学可言。在相当长一段时间，各地城乡除了新华书店再无书籍的安身之处，而如今也几乎变为歌厅和发廊了吧。就这个意义讲，国家图书馆越大越丰富未必是件好事，藏书于民，才是一个民族真正的文化根基。得出这样的结论，连我自己都始料未及。

今天中国的各大图书馆的藏书，没有私家藏书楼的汇集是很难想象的，有学者大略统计了北京、上海、南京三地六大图书馆的收藏来源，颇能说明问题。国家图书馆：有徐乃昌、姚觐元、瞿济苍、傅忠谟、周叔弢、翁之熹、刘少山、邢之襄、赵世暹、吴南青、赵元方、丁惠康、潘宗周诸家藏书；北京大学图书馆：有马幼渔、郭则沄、马廉、李盛铎、胡适诸家藏书；上海图书馆：有刘晦之、姚石子、封文权、柳亚子、高吹万诸家藏书；复旦大学图书馆：有李国松、丁福保、刘承干、王欣夫、刘大杰、赵景深诸家藏书；南京图书馆：有刘世珩、邓邦述、刘承干、邓实、陶湘、张均衡、陈群、顾鹤逸诸家藏书；南京大学图书馆：有陈钟凡、胡小石、罗根泽、缪凤林、倪则埙、欧阳翥、钟泰诸家藏书。

在整理书稿的时候，我特地在每一章的后面，增加了一篇对近代藏书家的考察札记，这是原纪录片中缺失的一环。根据他们与国图的关系，根据他们对藏书理念的贡献，我选择了九位藏书大家。在梳理他们资料的时候，我恍惚觉得是在清明时分拂去他们坟墓上的杂草，在写他们的时候，恍惚觉得是在点燃一根根香火，是一种告慰，一种膜拜，也是一种敬畏。一脉是国家图书馆的历史，另一脉是私家藏书的历史，二者交相呼应，才是中国百年文化守望的历史。作为典籍庇护的私家藏书人，他们曾经是一种文化生态的重要力量，正是由于藏书家节衣缩食倾囊购书，并尽心保护和刊刻传播，才使得古代典籍历经劫难而犹能保持荣光。他们的筚路蓝缕已经成为一种历史的记忆，一种古典的精神，积淀于我们的文化血脉中了。

如果这本书还有价值的话，是因为我想在书中传达这样一种理念："一个社会的品格，一个民族的品格，同样可以由一所图书馆反映出来，由许多书籍反映出来。这些书籍加在一起，从实用意义和象征意义上，都准确地界定了我们这个集体。"（《夜晚的书斋》）有人把国家图书馆看作是一个民族灵魂的肖像，我试图描摹的正是这种肖像，这一百年来容颜的转变。我想通过人们对书的态度来表明：人类的历史就是不断用语言和形象来表达古老的经验，这是铭刻在社会记忆中的人类整体经验。在一定程度上，图书馆和"记忆"是同义词，和"历史"是同义词，和"过去"是同义词。

写这本书的时候，我还有一个野心没有实现：应该把历朝历代焚书和禁书的历史做一个梳理。"读书无禁区"早已成为人类的普世价值，而禁书永远是最愚蠢的行为，只可惜这种愚蠢的行为一再上演，代无绝迹。我想告诉他们，禁书，只是一种"行为艺术"，而且是由小丑扮演的行为艺术，历史唯一留下的是对这种荒谬和丑陋行为的笑声。

这是一个国庆长假，伴随我的是三本书：一本是苏精的《近代藏书三十家》；一本是加拿大阿尔贝托·曼古埃尔的《夜晚的书斋》；一本是沈津先生的《书丛老蠹鱼》。我沉浸在与时代喧嚣截然相反的另一种氛围中，沉浸在久远时代一代书痴的梦想中。

我爱书，爱文字，这一点不可救药。

年过四十的时候，常常会半夜醒来，这是世界最安静的时刻，我总是溜进书房，捡起一本书催眠。也有的时候，只是对着书架上一本本书的名字发呆。那一本本书会告诉我曾经产生过的奇思妙想和故事的来龙去脉。每一本书都有来历，功利的或偶然的。有的是为了拍摄某部纪录片，这是搜集资料的必然过程，你未必喜欢看。比如郭沫若的书，比如关于遥远西南一条江的故事，比如关于汽车的历史，这些资料隔一段时间会多起来，一旦完成工作，我会迅速清理，它们只是资料，不是我喜欢的书。有的是瞬间的触动，我萌发了希望深入研究的念头，比如孟小冬的传记、李叔同的文集，因为好奇于他们的身世，着迷于他们的传奇，就会产生写传记的冲动，虽然也知道已经有无数的传记在那里了。这几年，书架上小说经典明显多了起来，关于编剧和剧本的书多了起来，这说明我另一个兴趣的盎然，我一直想写小说，写剧本，无奈这个计划一推再推。

很多时候，买书的冲动只是源于搜寻知识的好奇，经常像小时候扯瓜秧，一牵一大串。相关的一堆书就会拥挤在书架上。因为喜欢某个作者，他的名字就是吸引力：陈寅恪、黄仁宇、唐德刚、余英时、李欧梵、林达；因为喜欢某个历史氛围，比如晚清、民国；因为喜欢某个词语，比如“影像”、“上海”、“都市”、“佛像”等等。永远有无数的经典等待你去阅读，可你的心境仿佛永远没有准备好，你的时间永远无法自由支配。怎么永远不是自己喜欢过的生活？

早已厌倦了电脑及网络，我一直对家人说，我要把书桌上的笔记本电脑拿开，我要在书桌上摊开纸，摊开收集于世界各地的本子，我想一个字一个字地写，听笔在纸上划过的声音，看墨汁在宣纸上慢慢渗透的瞬间。

我着迷于有外貌形状的书，讨厌千篇一律的网络，曼古埃尔说得好：“在网上，一切文字形状都是相同的，是虚幻的影像，鬼魂般的文章。”比尔·盖茨在一本纸质书上说过一句意味深长的话：将来的社会是无纸的社会，也是没有历史的社会。作家不会再有草稿，不会留下涂改的印记，不会再有文字斟酌的痕迹，电脑无法记录我们智力发展的进展。每个字都是一样的，但是没有灵魂。

所以，我感谢南方日报出版社愿意为我出这本书，感谢为这部纪录片付出心血的同仁。我愿以此向那些正在为图书馆工作的人致敬，并以此祭奠千百年来为书而死的灵魂！

2011年10月3日

第一章

世纪先声：从一封奏折开始

在清末民初的风云突变中，一座国家图书馆顽强诞生。多少年以后，人们才品味出这个事件的历史意义。一个现代图书馆的建立，实际上标志着中国向现代文明迈出了一大步。1909至1911年，被历史学家誉为宣统三年新政，而现代图书馆的建立即是其中启蒙先声的重要组成部分。虽然，这比日本晚了40年，比法国晚了120年，比英国晚了160年。这是中国现代文化的启蒙先声，注定要在风雨激荡中艰难前行。

走进中国第一历史档案馆，推开厚重的档案柜，一封发黄的奏折出现在我们眼前。

1909年9月9日，一封学部《奏筹建京师图书馆折》正式上奏朝廷，随奏的还有三个副片：将翰林院所藏《永乐大典》等书籍移送京师图书馆；派翰林院编修缪荃孙任图书馆监督；添铸图书馆印信。奏折批复得异常顺利，三件事一并得到准许。

这一天，标志着京师图书馆正式开始筹建。第一笔经费是200两银子。

多少年以后，人们才品味出这个决定的历史意义。一个现代图书馆的建立，实际上标志着中国向现代文明迈出了一大步。1909至1911年，被历史学家称为宣统三年新政，而现代图书馆的建立即是其中启蒙先声的重要组成部分。虽然，这比日本晚了40年，比法国晚了120年，比英国晚了160年。

清宣统元年（1909年），紫禁城的春天似乎来得格外地早。清晨起来，宫里最重要的事是伺候年仅四岁的小皇帝溥仪更衣上朝。他必须依偎在父亲的怀抱里临朝面臣。事实上，处理大清国政治事务的是溥仪的生父、摄政王爱新觉罗·载沣。在外国政要看来，他才是这个世界上最大帝国实际的权力核心，大清朝最后一任领导者，时年26岁。

1908年11月15日，慈禧撒手西去，是年73岁。

当年英国《泰晤士报》驻上海记者濮兰德与汉学家白克好司，在其所著传记《慈禧外纪》里记录了她一段临终告诫：“以后勿再使妇人预闻国政，此与本朝家法有违，须严加限制；尤须严防，不得令太监擅权。明末之事可为殷鉴。”听起来老太太相当清醒理性，与我们对她的一贯的印象有点相悖。也许，在回光返照的那一刹那，这位“铁娘子”真的顿悟了。

■1908年，载沣与溥仪、溥杰

对于一个王朝来说，慈禧死前三天是危机三日，载沣的日记记录了当时的情景：

十九日（阴历，阳历为1908年11月12日）。上朝。致庆邸急函一件……

二十日（11月13日）。上疾大渐。上朝。奉旨派载沣恭代批折，钦此。庆王到京，午刻同诣□□□仪鸾殿面承召见，钦奉懿旨：醇亲王载沣著授为摄政王，钦此。又面承懿旨：醇亲王载沣之子溥□著在宫内教养，并在上书房读书，钦此。叩辞至再，未邀俞允，即命携之入宫。万分无法，不敢再辞，钦遵于申刻由府携溥□入宫。又蒙召见，告知已将溥□交在□□皇后宫中教养，钦此。即谨退出，往谒庆邸。

二十一日（11月14日）。癸酉酉刻，小臣载沣跪闻皇上崩于瀛台。亥刻，小臣同庆王、世相、鹿协揆、张相、袁尚书、增大臣崇诣福昌殿。仰蒙皇太后召见。面承懿旨：摄政王载沣之子□□著入承大统为嗣皇帝，钦此。又面承懿旨：前因穆宗毅皇帝（即同治）未有储贰，曾于同治十三年十二月初五日（1875年1月12日）降旨，大行皇帝（即光绪）生有皇子即承继穆宗毅皇帝为嗣。现在大行皇帝龙驭上宾，亦未有储贰，不得已以摄政王载沣之子

□□承继穆宗毅皇帝为嗣，并兼承大行皇帝之祧。钦此。又面承懿旨：现在时势多艰，嗣皇帝尚在冲龄，正宜专心典学，著摄政王载沣为监国，所有军国政事，悉秉予之训示裁度施行，俟皇帝年岁渐长，学业有成，再由嗣皇帝亲裁政事，钦此。是日往西苑军机处。

11月15日，慈禧吃过午饭，忽然晕去，为时甚久……醒来后，慈禧立即召集各色关键权臣，再下旨：

奉太皇太后懿旨：昨已降谕，以醇王为监国摄政王，秉承予之训示处理国事。现予病势危急，自知不起，此后国政即完全交付监国摄政王。若有重要之事必须禀询皇太后者，即由监国摄政王禀询裁夺。

光绪皇帝与慈禧太后双双离世，结束了被外间揣测纷纷，又令后世史家们聚讼不已的帝后斗争。尤其是慈禧太后这位“铁娘子”的去世，结束了大清王朝近半个世纪的强人政治。大清国的子民们涕泪泗零，与其说是出于失去了领袖的悲痛，不如说是对前途的迷茫和恐惧。载沣就是在这个时候抱着年仅三岁的儿子走上了政治舞台。

据一名美国医生回忆，同他的兄长光绪皇帝一样，摄政王载沣“相貌清秀，

■ 慈禧墓地

■摄政王载沣

眼睛明亮，嘴唇坚毅，腰板笔挺，虽不及中等身材，但浑身透露着高贵”。这名年轻的摄政王此后被朝内外公认为“优柔寡断”、“懦弱无能”。

而就是这名软弱的摄政王，一掌舵大清王朝，却表现出令外界刮目相看的宽容和开明。1909年3月6日，载沣诏谕天下，拉开了“预备立宪，维新图治”的序幕。20天后，大清学部奏准《变通初等小学堂章程》、《变通中学堂课程》两项文件，变革学制，改进教育，咨行各省，遵照办理。一系列的变革措施风生水起，密集推出，很显然载沣试图竭尽全力挽救风雨飘摇中的大清国。

过去几十年来导引这个帝国的所有大小灯塔，似乎都熄灭了。这时，只要谁能发出星火之光，就能划破迷茫的黑夜，成为新的方向。美国《纽约先驱论坛报》驻华记者、后来在中国创办著名《密勒氏评论报》的汤姆斯·密勒，在慈禧太后过世不久，就以敏锐的观察力，在《纽约时报》上撰写整版的长篇政论文《中国的新课题及其意味》，认为两宫的去世“确实为一个新时代的启动打响了发令枪，开创了中华帝国这艘古老航船的另一条航线”。

这名记者对载沣赞誉有加：“醇亲王是个年轻人，他成长的时代正处于现代思想在东方世界取得立足点之际，他通过自己的眼睛看到了西方世界，其心智和视野并没有因为紫禁城的城墙而受到限制。因此，他可以做到中国其他统治者所没有做到的事情，即立足于现代观点，以透视的目光，从与其他世界强国的对比中来认识自己的国家。”

年轻的载沣无疑是晚清群臣中最富现代思想的政治家。8年前的1901年，一个艰巨的任务落在载沣头上：出使德国，为庚子年德国公使克林德被杀事件向德国皇帝赔礼道歉。这年载沣年仅18岁。

作为大清国第一个出访西洋的亲王，18岁的载沣却展现了与年龄完全不相符的成熟，有理、有利、有节，令本想侮辱中国的德皇，对他也称赞有加，德国人认为他“慎重外交，不辱君命”。他甚至还主动谢绝了京城各级官员及香港等地官方所预备的高规格迎送礼仪，其简朴作风赢得在华西方外交官和国际舆论的一片赞赏。

载沣把一次谢罪之行，转变成了18岁年轻人的“游学考察”，所到之处，无论军校、军火企业、博物馆、图书馆、电机厂、造船厂，“举凡外洋风土人情，随地随时留心考察”。在王公不得轻易离京的清朝体制下，载沣得以大开眼界，在日后掌舵中他表现出了祖先们无法想象的宽容和豁达。这次出访，西方现代图书馆也一定让他印象深刻。

1909年，这一年成为晚清历史上罕见平静的一年。曾经作为改革旗手的元老们，只剩下人称“香帅”的张之洞。叱咤风云的巨人们都已经凋零：翁同龢早在11年前的戊戌年就被彻底打倒，并在落寞中走完了人生；李鸿章则在8年前积劳成疾，死前留下了“秋风宝剑孤臣泪，落日旌旗大将坛”的凄凉自挽。改革是一种艰难的利益调整，而作为改革的旗手之一，张之洞居然能做到左右逢源，在危机四伏的官场中毫发无损，这固然是他个人卓越的运作能力使然。

后世史学家都发现，张之洞具备常人难以企及的眼光、魄力和手段。他有一支号称“万人敌”的笔杆子，一篇文章一个脚印，逐渐成长为封疆大吏。1863年，张之洞参加科举，金榜题名时被慈禧太后御笔钦点第三名探花，张之洞从此誓死捍卫太后。为她站台压阵，客观上的确起到了稳定大局的作用。能在关键时候发出关键的声音，并且公私兼顾、浑然天成，这就是张之洞的政治智慧。在文化教育方面，张之洞先后参与完成三件大事：废止科举制度，创办京师大学堂，奏设京师图书馆。

1909年4月18日，由军机大臣张之洞兼理的学部在《奏报分年筹备事宜折》中提出宣统元年（1909年）“京师开办图书馆”的计划，很快获得载沣的允准。

两个折子相隔不到半年，而筹办图书馆的一系列事务已经酝酿成熟，这与晚

■张之洞

清持续放眼世界密不可分。

20世纪初期由慈禧太后亲自领导的新政改革，同19世纪那场历时30年的洋务运动，无论从深度、广度上，都有着本质的不同。那场仅专注于经济和军事变革的洋务运动，被日本的铁甲舰队彻底粉碎，大清国从血泊和耻辱中明白了政治现代化才是关键所在。随后，在经历了急躁的戊戌变法和盲动地镇压义和团运动的两次血雨腥风后，朝野上下都已明白：大清国要实现民族复兴和大国崛起，就要改变根本的政治体制。到了1909年春天，即令最不合时宜的腐儒，也能将宪政当作最热门的谈资，民间报刊则如雨后春笋，中国社会似乎充满了朝气和活力，一个“少年中国”俨然诞生，颇似明治年间的日本。

在这种氛围中，京师图书馆的设立可以说是水到渠成。到这个时候，无论是朝廷、一般大臣还是知识人，对“图书馆”这一名词以及它所代表的一整套现代理念已经不再陌生；实践中，全国各地的地方图书馆、私人图书馆和教会图书馆也都先后出现并开始运作。

从老子时代的“守藏”到现代意义上的“图书馆”，其间则走过了2000年。据专家考证，“图书馆”和“藏书楼”两个名词在中国的普遍使用大概晚到1900年左右。最早采用“图书馆”一词来命名图书馆的是1904年创办的湖北图书馆和湖南图书馆。自1910年学部拟定《京师图书馆及各省图书馆通行章程》，“图书馆”一词开始成为官方认可的统一名称。此后，中文的“图书馆”一词遂成为我国图书馆的通用名称。

从明末清初开始，随着西方传教士的著书立说，有关图书馆的观念也开始在中国士大夫中传播。有“近代中国睁眼看世界第一人”之称的林则徐也是晚清翻译介绍西方图书馆的第一人。他组织翻译的《四洲志》不仅记述了欧洲图书馆的“盛况”，还着重介绍了美国的图书馆情况，涉及其18个州。

1867年，天津码头戒备森严，一艘大船扬帆起航。这是清政府向西方派出的第一个外交使团。后来，使团成员、总理各国事务衙门章京、花翎记名海关道志刚在其《初使泰西记》中写道：“初七日观书院。……藏书之室，熔铁为架，倚壁成城。择人专司，许观不许借。略同宁波天一阁之制。”

志刚参观的是纽约一所大学的图书馆。看来他并没有留意到外国图书馆与中国藏书楼的区别。而同行的同文馆学生张德彝则记述了在纽约参观公共图书馆的情形：“又行三里许，至义书堂，名‘阿司德尔’，亦系名人建造。周十五里，白石层楼，内储各国古今书籍七万五千余卷，国人乐观者，任其浏览，以广见闻，惟禁携带出门，与点窜涂抹而已。”义书堂中的“义”字，点出了西方公共图书馆与中国藏书楼的差别——公共性和平民化。

1877年3月和6月，驻外使臣郭嵩焘先后两次参观大英博物馆和牛津大学的几所图书馆。他不仅对大英博物馆图书馆中所藏中国典籍很感兴趣，亦注意到牛津大学图书总馆中书之来源之一——纳献（即呈缴）。在参观法国国家图书馆时，郭嵩焘注意到该馆管理与中国藏书楼不同的两点：一是卡片目录，二是图书分类法。

洋务运动时期出访的大臣中，薛福成别树一帜。他不仅特别记述了1891年参观梵蒂冈图书馆的情形，还在日记中对欧洲各国的图书馆藏书情况进行了比较，又将中国的官府藏书和私人藏书与之对比。他提出了“藏书之所公所也”理念，突出一个“公”字。可见他对近代图书馆的认识已达到相当的高度。

而后来为“预备立宪”而出洋考察的“五大臣”中，图书馆不是他们关注的中心。载泽的《考察政治日记》中，只有两处提及图书馆：“光绪三十二年四月初十日（1906年5月3日）参观法国巴黎索邦大学图书馆”、“……藏书楼有书四十万册，借阅者就楼中览之，亦有女子来阅”。这最后一句，透露出某种惊讶。很可能他是第一次见识女子在公共场合读书。

与大多走马观花的官派出洋使臣相比，知识分子王韬作为民间人士对欧洲各国图书馆的“漫游”更显示出用心所在。到大英博物馆图书馆，见“男女观书者，日有百数十人，晨入暮归，书任检读，惟不令携出”，而伦敦人“无论贫富，入而披览诵读者，日有数百人”。

而将图书馆的重要性上升到教育人才之道的高度来认识的人是维新派思想家郑观应。在写于1894年的《盛世危言》中，郑观应特别提出：“大抵泰西各国教育人才之道计有三事：曰学校，曰新闻报馆，曰书籍馆。”在《盛世危言·藏书》的开篇大声疾呼：“故书院之设尤不可不亟亟也。”而书中提出的中国藏书“私而不公”，一语道破了中国古代藏书两千多年来的弊病和症结所在。

1895年，另一名维新思想家康有为在著名的《公车上书记》中，第一次正式向清政府提出“设书藏”的建议，并将“设书藏”与“开民智”联系起来。后来在上海开设强学会时，将“开大书藏”列为学会“最要者四事”之一，与“译印图书”、“刊布报纸”、“开博物院”同等重要。这一建议，得到其弟子梁启超的热情回应。

清末的公共图书馆运动，既是自上而下的官方推动，亦是自下而上的自觉行为。虽然清末新政和立宪未能挽救清王朝的命运，但公共图书馆运动却没有随着一个王朝的灭亡而销声匿迹。在众多的变革措施中，京师图书馆的设立无疑是其中最大的果实。

在张之洞领导的学部中，罗振玉是他倚重的大臣。

作为近代著名的考古学家和语言文字学家，罗振玉晚清时办过报纸，做过学堂监督，后企图复辟清王朝，做过溥仪的顾问，曾任伪满洲国监察院院长等职，一个世纪以来一直是一个有争议的人物。

1906年，罗振玉专门撰写《京师创设图书馆私议》，倡议设立京师图书馆，揭开清末公共图书馆运动的序幕。

《私议》开篇提出：“保固有之国粹，而进以世界之知识，一举而二善备者，莫如设图书馆”；“方今欧美、日本各邦，图书馆之增设，与文明之进步相追逐，而中国则阒然无闻焉”；“鄙意此事亟应由学部倡率，先规划京师之图书馆，而推之各省会”。

罗振玉进而论述“京师图书馆创设之办法”：建筑、经费和藏书三端。

“图书馆宜建于往来便而远市嚣，不易罹火灾之处”；“规模宜宏大”，要

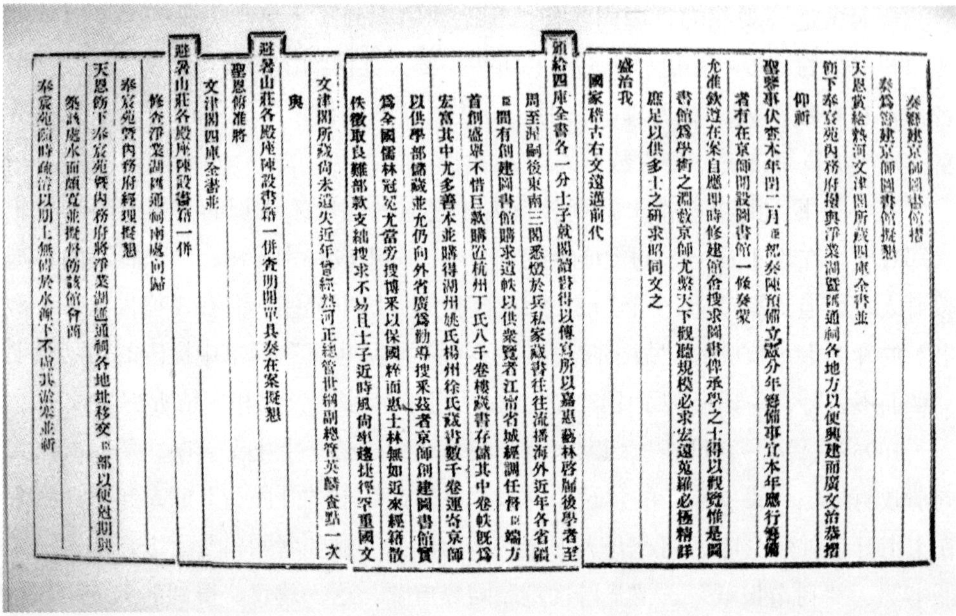
奏爲籌建京師圖書館摺
奏爲籌建京師圖書館擬懇
天恩賞給熱河文津閣所藏四庫全書並
飭下奉宸苑內務府撥與淨業湖暨匯通祠各地方以便興建而廣文治恭摺
仰祈
聖鑒事伏查本年閏二月臣部奏陳預備立憲分年籌備事宜本年應行籌備
者有在京師開設圖書館一條奏蒙
允准欽遵在案自應即時修建館舍搜求圖書俾承學之士得以觀覽惟是圖
書館爲學術之淵藪京師尤繁天下觀聽規模必求宏遠蒐羅必極精詳
庶足以供多士之研求昭同文之
盛治我
國家稽古右文遠邁前代
頒給四庫全書各一分士子就閣讀書得以傳寫所以嘉惠藝林啓牖後學者至
周至渥嗣後東南三閣悉燬於兵私家藏書往往流播海外近年各省疆
臣間有創建圖書館購求遺軼以供衆覽者江甯省城經調任督臣端方
首倡盛舉不惜巨款購致杭州丁氏八千卷樓藏書存儲其中卷帙既爲
宏富其中尤多善本並購得湖州姚氏揚州徐氏藏書數千卷運寄京師
以供學部儲藏並允仍向外省廣爲勸導搜采茲者京師創建圖書館實
爲全國儒林冠冕尤當旁搜博采以保國粹而惠士林無如近來經籍散
佚徵取良難部款支絀搜求不易且士子近時風尚率趨捷徑罕重國文
文津閣所藏尚未遺失近年曾經熱河正總管世綱副總管英麟查點一次
與
避暑山莊各殿座陳設書籍一併奏明開單具奏在案擬懇
聖恩俯准將
文津閣四庫全書並
避暑山莊各殿座陳設書籍一併
修查淨業湖匯通祠兩處向歸
奉宸苑暨內務府經理擬懇
天恩飭下奉宸苑暨內務府將淨業湖匯通祠各地址移交臣部以便剋期興
築該處水面頗寬並擬將該館舍兩
奉宸苑前時疏浚以期上無礙於水源下不虞其淤塞並祈

■《奏筹建京师图书馆折》

“预备将来推广地步”；“至建筑样式，宜调查各国成式而仿为之”。

经费关乎“事几之决，不可缓矣”，考虑到清政府的财政困难，他提出的预算是一百万金，“分三期筹备之，每三年为一期，九年而全部告成”。

书从哪里来？罗振玉列举了颁赐、捐献、征取、抄写、采购五条途径。

“请赐书以立其基也”。范围包括：文溯阁、文津阁《四库全书》，《古今图书集成》和“累朝方略之类”，《永乐大典》残本，外务部所存外国书籍，武英殿及钦天监所藏书版。

“开民间献书之路也”。除了“援照旧例征取”和奖励“民间献书”，还重点采取“征取”和“破格奖励”的办法，以达以点带面效果；“征取各省志书及古今刻石也”，这是从学者的眼光出发，看出“古今刻石”的价值。今天，国家图书馆拥有近20万幅金石拓片，实得益于罗振玉此提议。

翻开1909年的学部《奏筹建京师图书馆折》和第二年学部拟定的《京师图书馆及各省图书馆通行章程》中，可处处发现罗振玉文章的身影。某种意义上可以说，学部是将罗振玉的建议实践化了。而这背后的主要推手是时任军机大臣而兼理学部的张之洞。

在京师图书馆的创设上，张之洞与罗振玉可谓一拍即合。俩人早有交情，后来张之洞以军机大臣分管学部，罗振玉也以咨议官的身份进入学部。有人甚至推测，罗振玉撰写并发表《京师创设图书馆私议》，很可能就是张之洞的授意。

关于京师图书馆的负责人选，张之洞想到了一个人，这就是时任江南图书馆总办的缪荃孙。早在1901年，张之洞在南京设江楚编译书局时，曾经聘请缪荃孙兼任总纂。

缪荃孙（1844—1919年）字炎之，一字筱珊，晚号艺风，江苏江阴人。光绪二年（1876年）进士，曾任翰林院、国史馆编修，历主江阴南菁书院、济南泺源书院、江宁钟山书院讲席。

缪荃孙早年师从广东藏书家李文田研究版本目录学，从此开始了他的藏书生涯，以后南来北往，遇书辄购。在京师任职时，缪荃孙常去海王邨书肆搜访古籍珍本，当时他经济上并不太宽裕，为买书经常入不敷出。缪荃孙与许多藏书家往来频繁，互相抄校考订，学问亦随之日益博通，至庚子年（1900年），缪氏艺风堂藏书已达10余万卷。

光绪二十二年（1896年），江南藏碑大家沈树镛旧藏散出，当时，叶昌炽

■ 缪荃孙

以收藏金石闻名，但当时叶氏刚刚丧子，沉浸于绝嗣之痛，无暇问津；缪荃孙不惜卖田买碑，一下子购进三千余通，一下子成为国内收藏金石之最。事后，叶昌炽十分懊丧。

近代版本目录学家中，缪荃孙无疑是最有影响者之一，甚至有人认为，广为人知的《书目答问》，实际上出自缪荃孙之手，虽然后来陈垣先生力排此说，但张之洞此书很大程度上得力于缪荃孙当是无疑，到缪氏晚年，其学术成就更是远远超越了张之洞。

在张之洞看来，缪荃孙当然是京师图书馆总负责的不二人选。所以，学部在1909年就筹设京师图书馆之事向朝廷上奏时，就请求派时任翰林院编修的缪荃孙担任京师图书馆监督一职。

1909年10月4日，离京师图书馆批准筹备不到一个月，张之洞病逝于北京，此时，缪荃孙接到任命刚过去三天。张之洞的去世，让缪荃孙十分犹豫，在他看来，没有张之洞的支持，很可能寸步难行。于是缪荃孙向朝廷递交了辞呈，然而没有被允准。

1910年9月，67岁的缪荃孙在学部的一再催促和罗振玉等朋友的渴盼中走马上任。

宁波天一阁藏书楼

天一阁是宁波著名藏书楼。“天一阁”因“天一生水，地六成之”而得名，其要在于防火避灾和严密保守。清乾隆年间修建的“四库七阁”就是因袭其制而建。天一阁的建筑范式成为有清一代藏书建筑的主流。

宁波藏书楼天一阁成为京师图书馆最初效法的榜样。最初的具体选址，学部看中的是德胜门之内净业湖与湖之南北一带地方。因为“水木清旷，迥隔嚣尘，以之修建图书馆，最为相宜，尤足以昭稳慎”。显然，学部的图书馆选址和建筑思想依然不脱中国古代藏书的观念。

当一个末世朝代挣扎于风雨飘摇中的时候，京师图书馆的命运注定是坎坷不平的。因为清廷财政捉襟见肘，最终，什刹海旁边的广化寺就成为刚设立的京师图书馆的暂栖之地。

■ 天一阁

北京广化寺

广化寺坐落在风景秀丽的什刹海后海北岸，是京师著名的佛教十方丛林，占地20余亩，有殿宇329间。100多年前，这里的一部分便成了京师图书馆工作人员的栖身场所。

这似乎不是一个好的开端。这里风景虽然漂亮，但“地址太偏，往来非便，且房屋过少，布置不敷，兼之潮湿甚重，于藏书尤不相宜”，交通的不方便，使“阅览者裹足不前，致类虚设”。从1910年到1917年，京师图书馆在广化寺前后迁延近7年，最终不得不弃而他求。

有了图书馆，首先要有图书，首任监督缪荃孙上任伊始，即把搜罗天下藏书作为自己的主要职责，他首先想到的是自古有藏书传统的江南。

常熟铁琴铜剑楼

铁琴铜剑楼位于常熟古里镇西街，与山东聊城杨以增“海源阁”，归安陆心源“皕宋楼”，钱塘丁申、丁丙“八千卷楼”齐名，合称清代全国四大藏书楼。藏书楼建于清乾隆年间，建筑面积285平方米。藏书楼已经有200多年的历史，原名“恬裕斋”，创始人瞿绍基，瞿氏五代藏书楼主都淡泊名利，以藏书、读书为乐。瞿氏第二代、绍基之子瞿镛，对鼎彝古印兼收并蓄，在金石古物中，瞿氏尤为珍爱一台铁琴和一把铜剑，铁琴铜剑楼由此得名。

1911年3月，一位神秘的客人走进了铁琴铜剑楼，这就是京师图书馆监督缪荃孙。他此行的目的是拟购瞿氏铁琴铜剑楼藏书。京师图书馆筹建之初，两江总督端方曾打算购买瞿氏铁琴铜剑楼藏书，瞿氏没有同意，端方命令其酌量呈献所存图书。

这次缪荃孙亲赴江南，苦口婆心，诚心所至感动了瞿家，就其书目摘出71种孤本、钞本或外间罕见者予以精钞，再加以旧刊本，配成百种呈献。1911年仅钞成37种，加旧刊本13种。合为50种，呈交京师图书馆。

在监督任上一年，缪荃孙除了留下两部堪称典范的《清学部图书馆善本书目》和《清学部图书馆方志书目》外，还留下了从严治馆的口碑。

这是一封缪荃孙写的通告，大意是一则处罚决定：

九月十三日奉监督谕：查本馆写官张祖兰，经饬令缮写传抄本内阁大库书册，迟误日久并未抄讫，本应立即剔退，嗣径查明，该写官实系咳血之症，势甚沉重，不无可原。惟该员并未预先声明患病情况，究有不合，着记大过一次，以示薄惩。嗣后凡本馆写官如有久不到馆及抄写迟误者，一经查出，均行立即开除，决不姑宽，此谕。

虽然情有可原，但不是“下不为例”，而是罪减一等发落，以示效尤。缪荃孙监督的严格甚至严厉由此可见一斑。

1911年，农历辛亥年，武昌起义的炮声传进京城。一场看似偶然的兵变，迅速演化成一场声势浩大的全国性革命。动荡的晚清政局开始分崩离析。对辛亥革命极为不满的缪荃孙请假回南京，再举家迁上海。1914年他以清史总纂的身份重返京师，却再没有以主人的身份进入京师图书馆。田洪都序《艺风堂藏书再续记》评论缪荃孙说：“一生与刻书为缘，孤稿秘籍，多赖流布，广人见闻，裨益

■ 广化寺

■ 铁琴铜剑楼

文化之功，可谓至巨。”

1912年，二次进京的孙中山将民国总统的大印让给了袁世凯。

这一天，卸任后的孙中山有点不可思议地走进一所王府，他要拜访的人物神秘而敏感，他就是前摄政王载沣。

什刹海后海醇亲王府由正院、住宅、花园和马圈四个部分组成，占地约80余亩。另外，在王府东面还颇具匠心地建了一座家庙——龙华寺。什刹海后海的醇亲王府，是在原成亲王府规模的基础上修建而成的。这项工程由当时（光绪十四年，即1888年）承包官卫山著名的兴隆、广丰两家木厂承修。因奕譞曾主管过修建皇家陵园等工程，所以两家厂商争相向奕譞讨好而相持不下。结果达成每所房各修一半的协议。由于两个厂家竞争，大大加快了施工进度。仅仅一年多，府中的正院、住宅大部分就已竣工。不想工程尚未结束，光绪十六年（1890年），奕譞突然病逝，年仅50岁。因生前被优诏赐以世袭罔替亲王，故由其第五子载沣承醇亲王，什刹海后海的醇亲王府，也就成了第二代醇亲王载沣居住的地方。

醇亲王府正门及正院为王府中路，即现在的卫生部。住宅和花园则是在王府西路，由高大院墙与中路隔开，中间则为狭窄的更道。从王府正门进西栅栏门，可达西路。路北有九间瓦房，正中面对影壁是一间门道。由此向北的中轴线可贯穿宝翰堂、九思堂、思谦堂。

宝翰堂有五间房，又名大书房。载沣在这里接待了孙中山。书房里，一条大写字台一定给孙中山留下了很深的印象，这是德皇威廉二世所赠。

载沣退位以后，便开始了闭门读书的生活。他自号“书痞”，在自己的大书房宝翰堂内，悬挂自书对联：“有书真富贵，无事小神仙。”他特别喜欢白居易的“蜗牛角上争何事，石火光中寄此身。随富随贫且随喜，不开口笑是痴人”的七言绝句，并题写在团扇上，以表达自己不问世事、淡泊自乐的生活意趣。

1911年12月6日，载沣向隆裕太后缴还监国摄政王之印，奏请退位。没有任何犹豫，当天隆裕即下懿旨同意。两个月后，隆裕携小皇帝溥仪，将国家权力拱手让给袁世凯。退位后一年，隆裕辞世。弥留之际，对过去的军机大臣世续说：“孤儿寡母，千古伤心。睹宫宇之荒凉，不知魂归何所！”不知载沣听此言语作何感想?

宝翰堂是载沣在府中的主要活动场所，日常的大部分时间都是在那里度过的。他很孝顺，也很注重王府的传统礼节，早晨起床后的第一件事是去母亲刘佳氏房中请安，然后就来到宝翰堂。在那里盥漱，吃早点，接着便进行读书、看报和写字等活动，直到中午才回到内院，同福晋瓜尔佳氏一起进午餐。饭后休息片刻，就又到书房自得其乐，到了吃晚饭时才回到内院。晚饭之后，他和福晋又相继去母亲房中问晚安，然后才回到自己的住处歇息。日复一日，始终如此，形成了严格的生活规律。

醇亲王府的藏书相当丰富，载沣的读书面也很宽。他读得最多的当然还是史书，尤其是对《资治通鉴》爱不释手，有时，也喜欢些小说和其他文学作品。他对数学和天文学还有着非常浓厚的兴趣，读了不少这方面的书籍，这对于他的身份和所处的时代来说，当然是非常少见的。他曾亲自为孩子们讲解数学知识，晚上还给他们指认星座。每当发生日食和月食的时候，他总是非常细致地进行观察，然后把具体经过记到自己的日记中，并且认真地画出图形。

孙中山与载沣，一个是表面风光其实内心相当失意的革命元勋，一个是内心惶恐却努力在表面上显得知足常乐的旧朝王爷。正史野史都说两人相谈甚欢，孙中山送给载沣的签名照，被载沣敬奉到终，这被人一厢情愿地解释成其对革命元勋的景仰，其实，这更像是他在新时代请的一张护身符。

载沣厉行三年的政治体制改革，为一个老大帝国画上了最后的句号。而京师图书馆的建立也许是这位嗜书如命的亲王对自己最后的安慰吧。

盛宣怀：一生独揽十六颗珍珠

1911年10月25日，清政府内阁资政院第二次会议在北京召开。

资政院一年前成立，与5月8日成立的内阁一样，这是为君主立宪改革所预备的，可视作国会的前身。1911年5月8日成立的内阁，13名阁员之中，满人占了9席，其中又有7人为皇族，舆论哗然，讽刺这是“皇族内阁”，盛宣怀跻身内阁大臣，政治生涯陡然达到顶峰。

这一年，四川因保路运动爆发武装冲突，接下来就是武昌起义，帝国的政治局面到1911年10月，已经完全失控。中央政权危在旦夕，王朝的覆灭已经步步临近。资政院就是在风雨飘摇之际开的会，会议主题只有一个：讨论大清政权的权力危机。会议一开始，所有的矛头都指向了一个人。这个人，正是因为主张铁路国有而引发形势失控的皇族内阁邮传部大臣——盛宣怀。

盛宣怀有个习惯，数十年如一日地不间断记载大事小事，经手的只字片纸都舍不得丢。这一天的档案共有12件。计有奏折4份，大多与赈灾和慈善事宜有关，收藏的都是盛宣怀的手稿；另有私人信件一封、汉冶萍公司的报单3份和4份公文。这4份公文中，3份和当天召开的资政院会议有关，其中一份《资政院公报附张》完整记录了会议的过程和气氛，由此，我们可以真实还原大清王朝大厦将倾时的情景。

下午1点45分，清政府内阁资政院召开第二次会议，学部右侍郎、议长李家驹说道，按照议事日程表第四提议“内忧外患，恳请标本兼治，以救危亡具奏案”，请提议议员说明主旨。

议员罗杰登台说，他提议案的主旨有二：治标和治本。治标的方法有两种：从严，将邮传部长盛宣怀、四川督抚赵尔丰及湖北督抚瑞澂按律严惩。理由是盛宣怀主张铁路国有和从四国银团借款筑路一事，既没有交付内阁讨论，又违背资政院章程；四川督抚赵尔丰先赞助保路同志会，后来又诋毁人家是匪徒，激起大变；湖北督抚瑞澂对民变事先没有防范，一旦事发就弃城逃跑。这三个人的罪过不可谓不大。如要从宽解决，就要释放四川咨议局的议长，对湖北的民变不妨设法平息，使其能够散去。

说罢这番话，罗杰又说，眼前的衰世，要想治本，必须实现三个条件：其一是召集国会，通上下之情；其二是组织拥有完全行政权力的内阁；其三是巩固宪法中的言论、出版和结社集会的三大自由。人民有了这三大自由，就不会造反作乱。

罗杰说完他的主张，议长即问议员说：诸位有没有什么意见？

下面大呼同意，许多人起身表示赞同。随后上台的是提案要求惩治盛宣怀的议员牟琳和易宗夔。

牟、易两人历数盛宣怀在法律和政治上的失误，严词要求将盛宣怀“明正典刑”，杀一人而谢天下。另一个议员刘荣勋也跑到台上附和说：朝廷自从下旨要实行君主立宪，革命的言论一日少似一日，如果不是盛宣怀提倡铁路国有，也不至于民心丧失，让革命党乘机煽动作乱，情形至今益发不可收拾；因此，盛宣怀其罪当诛。

资政院内一片倒盛之风，情形对盛宣怀十分不利，盛宣怀所在的邮传部特派员要求发言，然而被众人制止。

议员黎尚雯上台说，盛宣怀罪大恶极，应该依法绞死。议员汪荣宝按捺不住，高呼起来，让盛宣怀自己来资政院答复我们。一语激起千层浪，议员们的呼声迭起，资政院内顿时人声鼎沸，倒盛的情绪渐入高潮。

弹劾盛宣怀已成共识，用易宗夔的话说，一弹不准，就再弹之，再弹不准，就三弹之，不扳倒盛宣怀，誓不罢休。就在一片不杀盛宣怀不足以平民愤，不开国会不足以谢天下的呼声之中，下午4点25分，议长宣布散会。

对盛宣怀来说，这也许是一生中最为惊心动魄，也最艰难漫长的一天。

回家后他连夜起草奏稿，对资政院上“违宪”、“乱法”、“激兵变”和“侵君权”的指控，作出答辩。他这样向年仅6岁的皇帝剖白自己：“议员以干路国有不交阁议，谓为侵权；借债签字不交院议，谓为违法；借日本一千万元，谓为卖国；擅调兵队，谓为跋扈；革党陷城，由于路款，谓为祸首。”然而，他自认并无过错：借款是张之洞签的合同，没有交院议，是因为有皇帝的上谕，日本借款事关邦交，自己并未调兵，谈不上跋扈。

奏折尚未写完，天快亮的时候，朝廷的旨意已到。他被革除了邮传部大臣的职务，而且，旨意上还说了四个字："永不叙用"。

1911年10月27日，被革职两天后，盛宣怀逃离了北京。两个月后，这一年的最后一天，12月31日，一艘轮船从中国大连港出发，开往日本。沧海茫茫，朔风阵阵，故国渐渐从盛宣怀眼中远去。他踏上了流亡之路，这一年他67岁。

身后，大清王朝天翻地覆——黄花岗起义、皇族内阁成立、保路运动兴起、外蒙古独立、武昌起义、袁世凯任清内阁总理大臣、孙中山当选临时政府总统、南北议和——风云变色，事事惊心。中国的历史在1911年被永远改变了。在盛宣怀流亡的前几天，另一个流亡者刚刚从海上归来。在古都南京，享受着前所未有的欢呼与崇拜。这就是孙中山。盛宣怀还记得，17年前，他的挚友郑观应曾有信来，向他推举过这位年少英俊的孙医生。

在常州鲜鱼巷的盛宅里，盛宣怀生活了20多年。读书、应试，侍奉祖父母，娶妻生子，1870年，26岁的盛宣怀投奔湖广总督李鸿章，当了一名幕僚。26年的生活，是一个江南富户、书香门第和官宦人家的子弟再常见不过的人生轨迹。家人对他的评价是：颖悟洞彻，好深湛之思。

盛宣怀的祖父盛隆是嘉庆庚午年（1810年）举人，父亲盛康有着学者的名声，在盛宣怀出世的那一年（道光甲辰，即1844年）考中了进士。

沪宁之间的常州学风浓厚，史有"儒风冠东南"之说。明末，这里是东林党人活动的基地，有清一代汉学中的常州学派崛起，对中国政治和文化产生了深远影响。美国人本雅明·艾尔曼在《中国文化史的新方向》一书中说到，常州清代文风之盛，一些著名家族如汉学大师庄存与和刘逢禄家族，一族之中进士及第的子弟前后达到数十人之多，其中进入翰林院的都在10人以上。这些名门望族还通过联姻加强他们在文化和政治两方面的影响力。乾隆中期，军机大臣、常州人刘伦与他的老乡、内阁学士兼礼部侍郎庄存与结成儿女亲家，这桩举国瞩目的联姻产生的长子刘逢禄，是19世纪初期的汉学大师，也是当时的学术领袖。

清代直到民国，常州文人产生的影响是今天很难想象的。先是刘逢禄的弟子龚自珍继续扩大常州学派的影响，而其学术方法最终被广东南海人康有为所继承，成为1898年的政治改良的合法性来源。梁启超说光绪年间的改良派人士无不受龚自珍的影响，话说得相当夸张："初读龚氏的著作，如受电然。"刘逢禄的另一个学生魏源提倡"经世致用"，编撰《海国图志》，是一套大型世界文化地理丛书；魏源被称作中国“开眼看世界”的第一人，不仅洋务派官僚受《海国图志》影响至深，连孙中山早年也深受魏源影响。

盛宣怀的科举之途并不顺利，22岁才中秀才，次年乡试不第，7年后参加了第二次乡试，再次落榜，1876年再次参加乡试，仍是名落孙山。最后一次乡试不第的时候，他已经因为父亲的官场关系而入幕李鸿章副府邸多年，并因为才干突出而得到李鸿章的重用栽培。洋务运动兴起，办洋务成了科场失意而寄身幕僚的那些文人的新的晋身之阶。盛宣怀从此绝意科举而专心洋务。

1899年他编辑和出版了常州名流文选《常州先哲遗书》64卷，表达对常州先贤的崇高敬意。

在李鸿章的手下工作是盛宣怀一生中最重要的转折点，是识才和惜才的李氏把盛宣怀推上了历史舞台。作为李鸿章的秘书，他十分勤勉，据说“盛夏炎暑，日驰骋数十百里”而不畏劳苦，当然，其才能也开始崭露头角，据说草拟文稿有“万言立就”的功夫。

李鸿章对他的评价是“心地忠实，才识宏通，于中外交涉机宜能见其大”。因此，但凡李鸿章办理外交，盛宣怀多随侍在侧。李鸿章多次赞誉他“精明稳练”、“智虑周详”、“洞悉症结”和“刚柔得中”。

洋务诸事，在朝野毁誉参半，压力可想而知，在给他的私信中，李鸿章这样说，“至于寂寞身后之名，不知谁何之誉，一笑置之可耳”。盛宣怀毕生感念李鸿章的知遇和提携之恩，他在给李鸿章的信中剖白自己说，“竭我生之精力，必当助我中堂办成铁矿、银行、邮政、织布数事”；对未来历史的评价，他谦恭地说，未来的历史如果能将他的名字附列在李鸿章的后面，得以传世，自己就足慰平生了，并自嘲说“中堂得无笑我言大而夸乎？职道每念督抚姓名得传后世者几人哉？遑论其下”。

1896年，52岁的盛宣怀已经牢牢掌控清帝国的轮船、电报、矿务和纺织四大洋务企业部门，也正是在这一年，如日中天的盛宣怀被清廷授予太常寺少卿官职和专折奏事权；后者意味着他可以直接上书皇帝议论国是——这并非仅仅是一个荣誉，而是实在的政治影响力。

他上的第一道奏折是《条陈自强大计折》，其中饱含着对在动荡时世中的国家命运的忧思。他在这道奏折中全面而系统地阐释了他对世界形势的认识，并且提出了维系帝国统治的具体设想。

奏折中说，西方各国的成功在于“用举国之才智，以兴农商工艺之利，即藉举国之商力，以养水陆之兵，保农工之业”。因为“国非兵不强，必有精兵然后可以应征调”，因此中国必须“练兵”，而没有军饷，练兵就无从谈起，强兵必先“兴商务，然后可以扩利源”，因此中国必须“理财”；没有人才，则练兵和理财都是无源之水，培养人才是当务之急。

练兵、理财和育人是西方国家富强的诀窍，在盛宣怀看来，自然也是中国必须模仿的地方。这三条自强之路，是盛宣怀放弃科举而转向洋务以后挽救国家命运的出发点和归宿。后来的史学家常说，他的见解有偏颇之处，尤其是对已经提上议事日程的政治改革不置一词，使他与康、梁等人相形见绌。但不管怎么说，盛宣怀提出的三条路却也是中国现代过程中的必经之途，称得上对症下药的解决之路。

对盛宣怀这份雄心勃勃的条陈，李鸿章颇有保留。他以褒贬兼备的口吻说：“盛杏荪机智敏达，而乏毅力，其条陈固欲办大事，兼作高官，官既未操左券，事又无从着手。”后来，盛宣怀曾将李鸿章与曾国藩的用人之道做了一个比较：“湘乡（曾国藩）用人，唯恐不能尽其用，绝无所以限制之心；合肥（李鸿章）用人，唯恐功为人居。”对自己的恩师，他是非常了解的，其中的抱怨也是很明显的。

1900年春夏之间，慈禧太后决定利用义和团与列强决一雌雄；6月下诏，要求各督抚“联络一气保疆土”和“招义民御侮”，不料形势由此急转直下，8月14日，八国联军攻陷北京，慈禧太后和光绪帝仓皇出逃。

早在7月8日，鉴于京津形势危急，在盛宣怀等人的极力主张下，清廷调李鸿章为直隶总督、议和全权大臣。李鸿章从广东北上，一路且行且停，等待议和的时机成熟，为此还舍快捷的海路不走，转走陆路，以拖延时间。21日，李鸿章到达上海，就议和事与盛宣怀密谈，时间长达两天之久。有《马关条约》的前车之鉴，李鸿章已经看到，与列强缔结和约无疑是历史的耻辱，他必定成为帝国崩溃的牺牲品而受到世人的唾骂。一代名臣，意图中兴而竟落得如此下场，李鸿章不禁黯然对盛宣怀说了一句清醒的预言：“和约定，我必死。”

“和约定，我必死”，一语成谶，李鸿章果然没有看错自己的命运。1901年11月7日（光绪二十七年九月二十七），与列国签订庚子和约后，李鸿章在一片咒骂之声中去世。在给袁世凯的信中，盛宣怀黯然神伤，不禁发出唇亡齿寒的哀呜："傅相在沪上告宣曰：'和约定，我必死。'竟若前知，痛哉！"

盛宣怀诗文极佳，在忙于政务商务之余，用很大的精力来搜求图书，《愚斋图书馆藏书目录》的序言称其："……逮官京曹，收罗益富，最后收得元和灵鹅阁江氏、巴陵小玲珑馆方氏之书。"在日本期间，他"购得彼邦书籍及翻印吾国之善本，暨关于财政医学等书载归，又逾万卷"。在他的《东游日记》中就有一天购书数百种的记载。到宣统二年（1910年），愚斋图书馆成立之时，他的藏书"已赢十余万卷矣"，成为当之无愧的大藏书家。

作为一个现代藏书家，他颇有图书馆意识。清光绪三十四年（1908年）九月，他赴日本期间，考察了规模最大的帝国图书馆、经营方式最新的私立大桥图书馆。对日本各图书馆、博物院及其章程作了一定了解，他说："将来开办图书馆，公诸同好，与收藏家不同。"这在当时殊为难得。

宣统元年（1909年）七月，盛宣怀遭遇丧子之痛，"伤逝茹悲，意兴萧索，乃以治事余闲寄情书画。复甄录载籍，广购遗编，为创立图书馆基础"。而他自己也在给友人的信中写道："弟自丧明抱戚，老怀抑郁，终日闷坐无以自解。宅有隙地，拟造图书馆，近颇收买旧书，如部中有罕见典籍价不甚贵者乞代留意。"（《盛宣怀未刊信稿》，中华书局，1960年）晚年的盛氏，为了自我排遣，仍大力收罗图书，寄情于创办图书馆的事业。

宣统元年（1909年）年底，盛宣怀在他家住宅附近开始修建愚斋图书馆，并亲自规划，他自述："愚斋所立上海图书馆现已开工，地十余亩，拟小作邱壑。尊处所拟图样，乞速抄示，以便模仿。此间已三易稿，尚觉未完备。"愚斋图书馆图纸盛氏亲自过目。宣统二年（1910年）十月，愚斋图书馆落成，朝廷赏赐"惠周多士"的匾额。与当时的京师图书馆几乎同时落成，可谓南北文化之盛事。

除了大兴土木之外，盛宣怀延请缪荃孙、罗集臣等著名学者整理图书，分类编目。经过一年多的时间，到1916年，《愚斋藏书目录》与《盛氏图书馆善本书目》两种藏书目录已经完成。而所有藏书清点也已结束，盛宣怀致信缪荃孙："昨奉手示，书目已完，深为感慰。秋后拟即开馆。"一切安排妥当，正式筹划开馆仪式。

然而这一年4月27日，盛宣怀在上海病逝，图书馆的建设工作也因此停顿，所有藏书只能封闭在已建成的愚斋图书馆的馆舍中。1934年，盛家变卖产业，

“愚斋图书馆”的馆址亦在其列，藏书必须迁址。盛氏的后人决定，将愚斋藏书中的大部分普通本一分为三，捐赠给盛宣怀创办的交通大学、圣约翰大学、山西铭贤学校，据说以圣约翰大学所得最多，仅方志一项即达七八百种。后来这批书调拨给了华东师范大学。而其善本精华在抗战中也陆续流出，下落不明。

交通大学的愚斋藏书，据1934年杜定友编《交通大学图书馆图书目录》记载，“凡六百余部，计万六千余册”，特辟专室保存，以表彰其“嘉惠士林之美意”。1952年全国院系调整，交通大学收藏的愚斋藏书，大部分转给安徽大学，后又调拨给位于芜湖的安徽师范大学图书馆。在运输途中，又遗失了一部分。1956年，交通大学内迁，剩余盛氏藏书便辗转来到西安。

终其一生，盛宣怀十分注重文档留存，各种文稿、信札、账册甚至宴客菜单，吉光片羽，无不悉心收藏。盛宣怀在世共26106天，目前仅上海图书馆收藏的“盛档”就有一亿余字，178633件。如果加上目前流散在海外的“盛档”，数目就更为惊人了。据报道，2006年上半年，上海社科院、上海世纪出版集团、上海图书馆，共同提出联合上海出版界、文献界的力量，成立盛宣怀档案编撰委员会和盛宣怀档案研究中心。如今，编撰委员会和研究中心业已成立，“盛档”公开已经为时不远了。

盛宣怀，被誉为“中国商父”。

慈禧太后曾说：“盛宣怀为不可少之人。”

李鸿章评价盛宣怀：一手官印，一手算盘，亦官亦商，左右逢源。

盛宣怀不仅是中国历史上著名的洋务运动倡导者，更是中国近代第一代实业家和福利事业家，他被后人统计出拥有中国历史上11个“第一”的称号：

1. 1872年拟定中国第一个集商资商办的《轮船招商章程》。

2. 1880年创建中国第一个电讯企业——天津电报局；并主持了南至海南，北到黑龙江，西到新疆等地的几十条电报线路的建设。

3. 1886年创办中国第一个山东内河小火轮公司。

4. 19世纪70年代在湖北“勘矿”。

5. 1896年创建中国第一家钢铁煤炭联合企业——汉冶萍煤铁总公司。

6. 19世纪90年代后期修筑中国第一条铁路南北干线铁路——卢汉铁路（后改名为京汉铁路）。

7. 1897年建成中国第一家银行——中国通商银行。

8. 1895年创办中国近代史上第一所官办大学——北洋大学堂，后定名为天津大学；1896年创办上海南洋公学，后改名为上海交通大学。

9. 1902年创办中国勘矿总公司。

10. 1904年在上海创办中国红十字会，1907年被清政府任命为中国红十字会首任会长。

11. 1910年创办中国第一个私人图书馆。

这份涉及航运、电讯、矿业、铁路、银行、教育和慈善的辉煌履历上的事业，在19世纪末20世纪初的中国，大多前所未有；盛宣怀不仅开辟了一块块新天地，而且长袖善舞，沟通官商，获利颇丰。时人经元善曾这样评论如日中天的盛宣怀，除控制全国电报业外，“又独揽轮船、银行、铁政、煤矿、纺织大政，所谓一只手捞十六颗夜明珠”。史学家陈寅恪的父亲、学者和诗人陈三立为盛宣怀所作墓志铭中说，其所办的轮、电、矿、路等事业“为立国之要”。由此盖棺论定。

第二章

动荡年代：民国的那些人那些书

这里曾经是金朝的大宁宫、元朝的兴圣宫，与北海同属西苑禁地。这里曾经是明朝皇帝游乐的玉熙宫，宫内设有宫廷戏班及演戏的场所。这里在清朝一度成为御马监，为皇帝养马的御马场。这里在民国初年成为陆军部管辖的军营和操场。这里也是中国历史上第一座现代图书馆。

1912年，北京街道到处飘扬着民国旗帜，一种无法抑制的兴奋洋溢在人们的脸上。伴随着清帝的退位，古老的京城焕发出青春的容颜。一座城市悄然开始了它的新变化。

1912年，拆除天安门内东、西千步廊及东、西三座门两侧宫墙，打通长安街，东、西城得以贯通。一年后的1月1日，天安门对外开放。昔日戒备森严的皇家禁地，迎来了第一批普通百姓。北京陆续开放的庙坛和园林还有：改为和丰公园的太庙、改为中央公园的社稷坛、改为城南公园的先农坛，此外就是天坛公园和景山公园。

广化寺

这时候，另一件文化界的盛事给新生的共和国带来了令人振奋的清新空气。

1912年8月27日，北京广化寺迎来了它意义重大的一天，这一天京师图书馆正式开馆。

革命虽然成功，教育工作仍得继续。一度中断的京师图书馆筹备工作在民国建立后继续进行。不同的是，它的领导者变成了民国政府的教育部。图书馆的总负责是江瀚，职务是馆长。

从“监督”到“馆长”，背后是一个时代的巨变。虽然刚刚运行的图书馆规定读者可买券进内阅览，不得外借，但昔日的皇家藏书已经开始向普通大众敞开胸怀。

作为由中央政府创办的国家图书馆，京师图书馆藏书向社会公开开放，“无论士农工商军界暨女学界皆得入览”，这是中国传统藏书理念向近代图书馆转变的重要标志。

此时，在首任监督缪荃孙的努力下，经过多方征集，京师图书馆的藏书已初具规模。它的家当包括：内阁大库残帙；国子监、南学典籍；南陵徐氏及临安姚氏藏书，这是两江总督端方得知张之洞拟办京师图书馆而采进的；常熟瞿氏进呈书；敦煌遗书和金石拓本。计善本书882部28412卷，阅览书4544部122963卷41504册。

方家胡同

国子监南学位于北京安定门内方家胡同，是原国子监内助教官及肄业生居住地，因其地处国子监之南，故名“南学”。1915年6月，教育部议定以原国子监南学旧址为京师图书馆新址，设立京师图书馆筹备处。

这里所有馆舍面积有2900多平方米，也不那么潮湿。但致命的缺点仍是偏僻和交通不便，加上馆舍分散、陈旧，不便管理，这为京师图书馆十多年后的再一次搬迁埋下了伏笔。

京师图书馆筹备期间，藏书不断增加，值得提及的是开始接受出版品呈缴。1916年2月，京师图书馆向教育部呈请仿各国出版物送交国立图书馆保存的

■ 1911年，方家胡同

■ 1917年1月26日，京师图书馆开馆纪念

通例，将所有在内务部出版的图书缴送一份给京师图书馆收藏，“以重典策而供众览”。这不仅标志着京师图书馆开始履行国家图书馆收缴典藏全国出版物的职能，而且开始改变京师图书馆的藏书结构，使得新籍杂志和横排文字入馆，拉近了与时代和普遍大众的距离。

1917年1月26日，春节刚过，京师图书馆在方家胡同国子监南学重新开馆接待阅览，这是国家图书馆历史上的第二次开馆。蔡元培、鲁迅和教育部有关官员出席了开馆仪式。

1918年1月9日，教育部发布第5号令，令“本部直辖京师图书馆馆长职务应暂由次长袁希涛兼理”，由此开了以教育部次长兼任京师图书馆馆长的先河。

从1918年开始，到1925年几年间，教育部次长更换频繁，京师图书馆馆长也走马灯似的换了十几任，从袁希涛、傅岳棻到陈垣、马叙伦再到吕复、陈任中。看起来，馆长级别不小，但实际上这些次长根本没有时间和精力来制订实行某个长远计划。所以实际负责的是图书馆主任，像张宗祥、徐鸿宝，倒更容易被馆员们记住。

而最大的困难仍然是经费。1917—1921年，经费紧张，但还能够维持馆务运行。1921年后，政局不宁，财政匮乏直接影响到京师图书馆的运作。拖欠成为家常便饭。不但馆员薪俸、警察服装费、月饷和公役工资积欠，连办公费也无着落，只好贷款购物。房屋渗漏亟待修缮，旧书破碎亟待修理。

据京师图书馆馆员王坦彝所撰《京师图书馆回顾录》记载，在最困难的时候，当时的图书馆主任徐鸿宝“苦心孤诣，奋力支撑”，以私人贷款垫付技工、馆役的工资及煤水杂事等费用。

京师图书馆的窘迫状况，实际上是当时国内教育事业和图书馆事业的一个缩影。国势动荡、财力窘困之时，最先被牺牲的往往就是文化事业。就在京师图书馆山穷水尽之时，1924年，中华教育文化基金会成立，京师图书馆的命运有了转机。

中华教育文化基金会，简称中基会，是经中美两国政府商议，作为管理庚子赔款第二次退款的专门机构。庚子赔款第一次退款主要用于创办清华学校和选派学生赴美留学。第二次退款亦决定主要用于发展中国教育文化事业，其一即为“促进有永久性质之文化事业，如图书馆之类”。

这一决议案的提出，与热心图书馆教育事业的美国人韦棣华女士分不开。

韦棣华，早年就学于西蒙斯大学图书馆学校。1900年来中国，任文华大学英

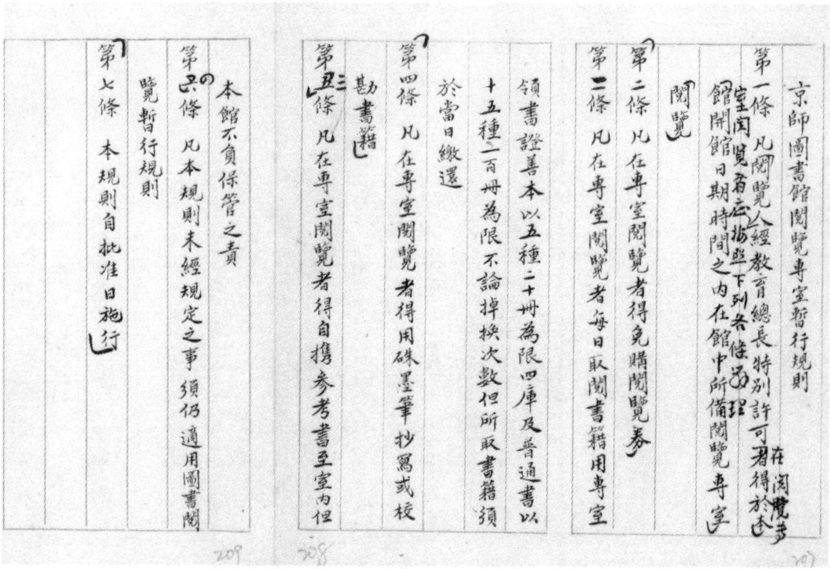
京師圖書館閱覽專室暫行規則
第一條 凡閱覽人經教育總長特別許可者得於本館開館日期時間之內在館中所備閱覽專室閱覽
第二條 凡在專室閱覽者得免購閱覽券
第三條 凡在專室閱覽者每日取閱書籍用專室領書證善本以五種二十冊為限四庫及普通書以十五種一百冊為限不論掉換次數但所取書籍須於當日繳還
第四條 凡在專室閱覽者得用硃墨筆抄寫或校勘書籍
第五條 凡在專室閱覽者得自携參考書至室內但本館不負保管之責
第六條 凡本規則未經規定之事須仍適用圖書閱覽暫行規則
第七條 本規則自批准日施行

■《京师图书馆阅览专室暂行规则》

话教师兼图书馆员。1903年创办文华公书林，1920年开设文华大学图书科，后成为武昌文华图书馆专科学校。

这位被尊称为“中国现代图书馆运动之皇后”的美国人，为争取庚子退款用于发展包括图书馆在内的永久性文化产业，先后拜谒了美国国会的82名参议员和420名众议员。终于在1924年5月，使美国参众两院通过议案并获美国总统批准，将总数600多万美元的庚款余额退还中国，用于发展文化与教育事业。

1925年9月28日，中基会第一次执行委员会会议通过了与教育部合办国立京师图书馆的议案。10月22日，教育部与中基会正式签订《合办国立京师图书馆契约》。契约规定：京师图书馆管理权属于双方组织的委员会；委员长为范源濂，胡适为书记，伍鸿隽、徐鸿宝、翁文灏、马君武为执行委员。

1925年11月26日，教育部下达第206号令：“原设方家胡同之京师图书馆，应改为国立京师图书馆，暂借北海地方。”这是所见京师图书馆更名“国立京师图书馆”的第一份政府文件。

1925年12月2日，根据委员会的推荐，教育部聘梁启超、李四光为国立京师图书馆正、副馆长。但国民议会的正式批准却要等到第二年的10月。1926年10月2日，教育部第354号公函致梁启超馆长，责其迅速派员接收国立京师图书馆。10月12日，“京师图书馆奉教育部令即日结束，在事人员一律解职”。

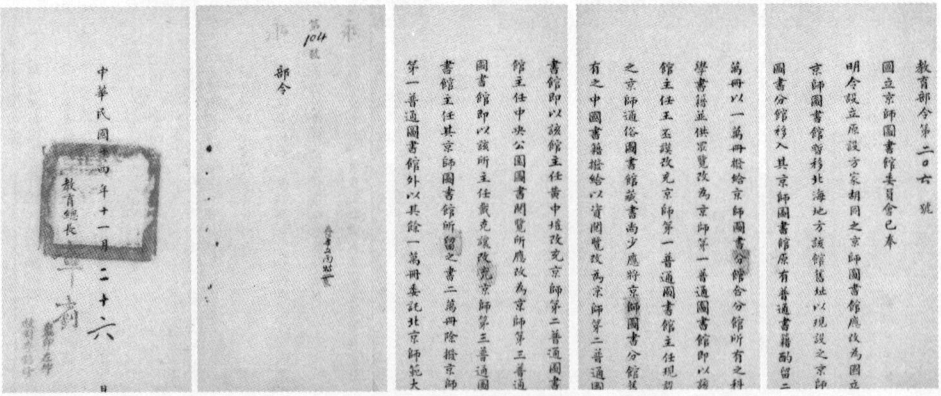
教育部令第二〇六號
國立京師圖書館委員會已奉
明令設立原設方家胡同之京師圖書館應改為國立
京師圖書館暫移北海地方該館舊址以現設之京師
圖書分館移入其京師圖書館原有普通書籍酌留二
萬冊以一萬冊撥給京師圖書分館合分館所有之科
學書籍並供眾覽改為京師第一普通圖書館即以該
館主任王丕謨改充京師第一普通圖書館主任現設
之京師通俗圖書館藏書尚少應將京師圖書分館
有之中國書籍撥給以資閱覽改為京師第二普通圖
書館即以該館主任黄中垣改充京師第二普通圖書
館主任中央公園圖書閱覽所應改為京師第三普通
圖書館即以該所主任戴克讓改充京師第三普通圖
書館主任其京師圖書館所留之書二萬冊除撥京師
第一普通圖書館外以其餘一萬冊委託北京師範大

第104號
部令

中華民國十四年十一月二十六日
教育總長

■ 原设方家胡同京师图书馆改为国立京师图书馆并暂移北海等事的政府文件

北海庆霄楼

梁启超兼任方家胡同的国立京师图书馆馆长和北海庆霄楼的北京图书馆馆长，至1927年6月卸任，秉馆长职一年有余。

早在1916年，反对袁世凯称帝的蔡锷将军病逝，梁启超上书大总统黎元洪《接受快雪堂设立松坡图书馆呈》，请拨北海快雪堂设立图书馆。此议得到批准。

松坡图书馆

1923年松坡图书馆成立，后庑奉祀蔡锷及护国战争死难烈士，前楹设图书馆。为此，梁启超作《松坡图书馆记》及《松坡图书馆劝捐启》，号召社会各界关心该馆藏书建设及资金筹备，“庶仗群力，共襄阙成”。短短时间内，松坡图书馆已经办得颇有起色。

■ 原北海图书馆馆舍：北海庆霄楼

■ 松坡图书馆

1925年5月，中华图书馆协会在北京成立，梁启超出席并在会上作演说词，详细阐述了“建设中国图书馆学”和“养成管理图书馆人才”的重要性，提出了中华图书馆协会的具体任务：把分类、编目两专门组切实组织；择一个适当都市，建设一个大规模的图书馆，全国图书馆学者都借它作研究中心；在这个模范图书馆内设一个图书馆专门学校，除教授现代图书馆学外，尤注重于“中国的图书馆学之建设”，“提倡不收费”，“许借书出外”；另筹基金，编纂类书。在本次会上，梁启超被公选为董事长。

梁启超对图书馆事业可谓鞠躬尽瘁，日夜操心。1925年12月20日梁启超在致副馆长李四光、图书部长袁同礼的信中说：“购书事日本方面不可忽略……最要者为几种专门杂志，最好能自第一号搜起，购一全份。”

1926年4月14日致张元济的信说：“闻东方图书馆购取孟苹蒋氏密韵楼之藏，神往无已。……其中倘有副本，而可以见让者，愿为北京图书馆求分一脔，则南北学者，胥渥嘉惠，宁非盛事。”

1926年7月5日，梁启超致信李四光、袁同礼："颇闻日人之东方文化会眈眈于方家旧籍，吾馆似不能不乘此时急起直追……"

刚接任馆长的梁启超时常左右为难。由于种种原因，教育部与中基会的合作未能顺利进行。京师图书馆仰赖中基会财力支持的愿望落空，而国务会议批准的经费又迟迟不到位。

梁启超先是向银行借，后银行因借款未还不肯再借。不得已，梁馆长以自己十余年来积存的人寿保险单，向通易信托公司押借现款，以维持图书馆的运转。从1926年10月到1927年3月，梁启超总共垫支11000余元。然而借款用尽经费还没来。这个时候的国库一贫如洗，无款可拨。

梁启超在致任志清等人的信中说："馆中国宝甚多，仆尸馆长之名，而未举其实，万一有疏虞，责将谁卸？半年以来为兹事寝不安席。"1926年10月15日又致张东荪信说："此馆诚为美庚款所办，但款极有限，开办费仅一百万元，建筑及购书在内（现所划建筑费仅六十万元，实不成门面，余三十五万供购书费），无法敷分配，每月经常费仅三千耳。"

无奈之下，梁启超在1927年3月先后两次呈文请求辞去馆长职务，教育部两次挽留。

■ 石虎胡同松坡图书馆阅览室内

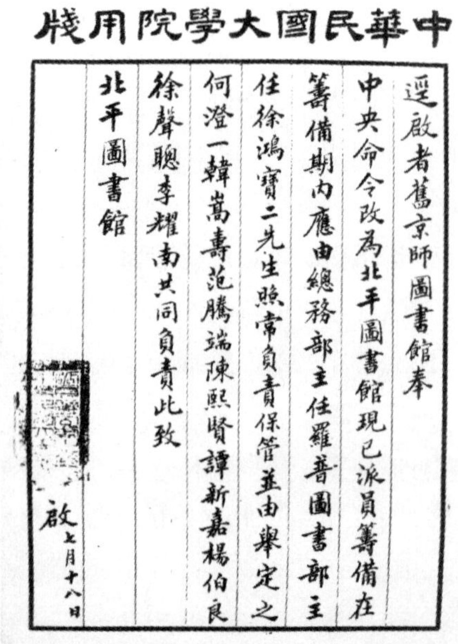
中華民國大學院用牋

逕啟者舊京師圖書館奉
中央命令改爲北平圖書館現已派員籌備在
籌備期內應由總務部主任羅普圖書部主
任徐鴻寶二先生照常負責保管並由舉定之
何澄一韓嵩壽范騰端陳熙賢譚新嘉楊伯良
徐聲聰李耀南共同負責此致
北平圖書館
啟 七月十八日

1928年7月18日，大学院通知旧京师图书馆改名为北平图书馆

山穷水尽的时候，想走走不成的梁启超想到了中基会这个昔日的合作伙伴。在梁启超和教育部共同努力下，中基会同意从1927年7月始，每月垫付京师图书馆经费2500元。有了这2500元，这个国家图书馆可以维持了。

1927年8月，梁启超终于辞去国立京师图书馆馆长职务。此时，他一定会记起当年变法失败后流亡日本，后赴加拿大和美国，参观美国波士顿、华盛顿、芝加哥三地图书馆的情形。他也许没想到，日后自己在将它付诸实施时会如此艰难。

即使在经费如此捉襟见肘的情况下，京师图书馆的藏书仍逐年增加。读者服务方面，对学生实行减收或不收券费的优待政策，延长开馆时间，接待参观。在全国图书馆中率先开展馆际互借业务。

1928年5月，北伐成功，南京国民政府宣布统一全国，首都南迁，北京改称为北平。7月18日，国民政府最高教育行政机关函告奉国民政府令国立京师图书馆改名为北平图书馆。以陈垣等五人组成国立北平图书馆筹备委员会。筹委会认为北平图书馆是国立图书馆，藏书为全国精华所萃，不能长期蜗居于此，要另觅新址，“以壮中外观瞻”。位于中海的居仁堂被选为北平图书馆的新址。

居仁堂

1929年1月10日，国立北平图书馆在居仁堂举行开馆典礼。这是国家图书馆历史上的第三次开馆。图书馆废除了推行多年的购券阅览制度，任人免费入览。

新馆在中海公园内，又值公园开放之初，游人如织。据当时的记载，游人“咸趋居仁堂，欲一入瞻仰其胜。于是贩夫走卒，村妇孩提，负者，携者，前呼而后应，延颈而立，翘足而望，候于门及息于阶石，以待入室者，优更仆而难数。自宣统二年（1910年）以来得未曾有之盛况”。

这可能是国家图书馆开馆以来与普通老百姓最大面积的亲密接触。虽然，进馆的人参观居仁堂的多，来读书的少，但通过免费发放公园门票来吸引读者，也不失为一种主动的、立竿见影的办法吧。

1929年6月，中基会举行第五届年会，会上通过教育部提出的将国立北平图书馆与北平北海图书馆合并改组为国立北平图书馆的建议。这年8月，重组的国立北平图书馆委员会成立，蔡元培、袁同礼、马叙伦、傅斯年、刘复等9人为委员，陈

■ 国立北平图书馆开馆纪念

垣为委员长。8月29日，由委员会推荐，教育部正式聘任蔡元培、袁同礼为国立北平图书馆正、副馆长。由于蔡元培不能常住北平，所以馆务由袁同礼以代理馆长的名义主持。袁同礼从此开始了20年之久的主持馆务生涯。

袁同礼，河北徐水人，留学美国，攻读图书馆学，回国后先后主持过国立广东大学图书馆、国立北京大学图书馆，是国家图书馆历史上最有建树的领导之一。

两所图书馆的合组可谓珠联璧合。当时，原国立北平图书馆的藏书量已达22.7万册，以中文旧籍为主；北海图书馆的馆藏总量达14万册，其中西文书籍27000册。在藏书上，两馆的合并可说是中西合璧。

更重要的是合组后的北平图书馆的主要经费由中基会承担，而且由中基会拨款的新馆也正在建设。困扰多年的经费问题得以解决，国立北平图书馆进入了发展的黄金时期。一组数据可稍稍说明这种前后的不同：京师图书馆在方家胡同开

■ 居仁堂

■ 梁启超

馆当年的阅览人数是3273人次，平均每月272次。到1922年，平均每日也只有20余人次。而到1929年，阅览达52000人次。

1929年1月19日，离开国立京师图书馆馆长职位不到一年半的梁启超在北京协和医院病逝。1930年2月24日，梁氏亲属遵照梁启超遗嘱，声明将饮冰室全部藏书"永远寄存，以供众览"。饮冰室藏书计2831种，约41474册，尚有墨迹、未刊稿本及私人信札，均为重要史料。

24年后的1954年3月，馆方派冯宝琳与梁氏亲属取得联系，征得梁令娴、梁思成及其他梁氏家属同意，捐赠全部手稿。这批著作手稿包括了收入在梁启超《饮冰室合集》中的全部文稿，也包括相当一批未入《合集》的稿件。为答谢梁氏家属，文化部长沈雁冰亲自签署了褒奖状。

这位但开风气不为师的学界巨匠为自己的藏书找到了最好的归宿。

文津街

搬迁到文津街的北平图书馆是中国历史上第一座现代图书馆，为与东面的北海、南面的中南海等中国大型古典建筑园林相协调，在外观上采用了中式大屋顶的宫殿建筑样式，总建筑面积3万多平方米，沿街是雄伟气派的三开间朱漆大门；主楼高两层，从空中俯视，呈"王"字形平面，即前、中、后三座楼平行并列，由中廊相互贯通；前楼面阔九间，宏伟轩敞，上覆绿琉璃瓦重檐庑殿顶，下设石砌基座月台，围护着汉白玉龙纹柱头栏板。而馆舍的内部设计、装饰乃至用具，又有浓郁的西式风格，阅览室极其高大宽敞，颇有大英博物馆的韵味。阅览室可以容纳几百名读者，书库可以收藏40万册图书。

这里曾经是金朝的大宁宫、元朝的兴圣宫。与北海同属西苑禁地。

这里曾经是明朝皇帝游乐的玉熙宫，宫内设有宫廷戏班及演戏的场所。

这里在清朝一度成为御马监，为皇帝养马的御马场。

这里在民国初年成为陆军部管辖的军营和操场。

1926年，当时有美国背景的中华教育文化基金会决定在此兴建图书馆，经向陆军部交款两万元之后，取得了土地使用权。基金会招标收到17份设计方案，方案的审查委员会是由美国建筑学会推荐的顾理治、亚特理和伊墨逊三名建筑师组成，顾问叫安那。安那极为重视图书馆建筑的环境。他强调：毗邻北海和故宫的图书馆建筑应该成为四周风景的一部分。

评选结果是在美国公布的，丹麦莫律兰的设计得了头奖。理由是：“他能将现代图书馆的需要与中国宫殿式的建筑互相调和”。

基金会遂聘请莫律兰为主持图书馆建设工程的建筑师，于1929年5月奠基。这块奠基石至今仍嵌在图书馆主楼的西侧台基上。

■ 文津街北平图书馆

1929年5月11日，国立北平图书馆奠基仪式纪念

在兴建北平图书馆的时候，经当时政府批准，到圆明园遗址废墟中取用了一些石料和大型装饰石雕。至今在大门前摆放的一对石狮，就取自圆明园长春园的东门；庭院中矗立的那对雕刻精美的华表，则是圆明园安佑宫宫门的遗物；主楼基座正中的石阶及浮雕五龙阶心石，原是圆明园正大光明殿的台阶；主楼门口摆放的一对石雕小白象和一对铜铸仙鹤，也是圆明园的饰品。特别值得一提的是，庭院东侧草地上的昆仑石，那是清代皇家园林特有的饰物，用汉白玉雕刻，上圆下方，象征着神话中王母居住的昆仑仙山，这块巨石两面都刻有乾隆皇帝的御笔题诗，下配海水江崖纹底座，据说这种昆仑石在全北京只有7座，这一座取自圆明园的福海。

1931年6月25日，文津街新馆举行落成典礼。包括各国驻华公使及国内外学术机关代表在内的两千余名中外人士参加了开馆仪式。蔡元培馆长专程从上海赶到北平主持开馆典礼。蔡元培发表演讲，称赞这座图书馆的建筑，完全采用新式的科学方法，又保留中国古代建筑的外观，是中西文化的融合。

在南墙内的两块碑引人注目。东边的是《文源阁碑》，西边的是由蔡元培撰文、钱玄同书写的《国立北平图书馆记碑》。碑文的最后一句话是："自兹以往，集两馆宏富之搜罗，鉴各国悠久之经验，逐渐进行，积久弥光，则所以便利学术研究而贡献于文化前途者，庸有既夫！"

在时人的眼里，文津街图书新馆"美轮美奂，在中国是唯一富丽堂皇的图书馆，在世界国立图书馆中也是别具风味的一所图书馆”。多年来居无定所的北平图书馆，终于有了一个属于自己的、漂亮的家。

乔迁之后的北平图书馆进入了全面稳定的发展时期。20世纪30年代的北平图书馆专家云集，不仅是一个重要的学术服务机构，也是一个著名的学术研究机构。

1930年代初的一天，北平图书馆里来了一位美国人，这就是后来闻名世界的汉学家，他的中文名字叫费正清。费正清此次来华是为了完成牛津大学的博士论文。当时主持工作的袁同礼馆长指定专人协助他使用中文资料，使他满载而归。1942年，费正清第二次访华，他已是美国驻华大使馆的官员，为美国援华的文化工作不遗余力。后来，他在回忆录中说：“袁先生是一位杰出的人才，以他的才学、精力及理想为学术发展而努力。他不仅为自己的国家而工作，也同时为关心国际文化交流而奔走。”

这期间，芝加哥大学的汉学家顾立雅、著名作家赛珍珠以及德国、法国的汉学家都是北图的座上客。当时的北图成为国际间的汉学研究中心，这与袁馆长诚恳而亲切的作风是分不开的。

让我们看看当时鼎鼎大名的购书委员会成员：中文组成员有陈垣、孟森、顾颉刚、傅斯年、胡适、徐鸿宝、赵万里，西文组成员有丁文江、胡先骕、陈寅恪、孙洪芬、王守竟、顾子刚，皆是当时中国学术界的一时之选。

1930年前后，北图与国外各大图书馆建立了密切的联系。一些美国著名图书馆的在华图书采购，都是北图指定专人代为办理。而且，服务人员不收任何报酬。美国学者用“最辉煌的学术机构”这样的语句评价北图。

当时有大公报记者在《国立北平图书馆访问记》的报道中称：“北平之文化中心，不在‘有光荣历史’之北大，更不在师大、清华、北平研究院等，而在国立北平图书馆。不特其规模壮大，收罗宏富，一时无两，即其陶冶学者之处，亦迥非任何学校所能及。”

梁鼎芬：性情藏书家

1913年，大雪，北京郊外清崇陵。

两三百只酒坛子一字排开，一位老人手捧白雪装满每只坛子，并封上红纸，上书四个大字“崇陵雪水”。

朔风中，老人率众人用车拉着雪水坛子，分别到满洲亲贵和遗老家中拜访，请他们捐资购买树苗。如果某位公卿乐于捐助，且捐的钱也合乎出资者的身份，老人就收钱含笑拱手告别。如果哪户人家拒捐或只出微薄之资，他就大发诗人的倔脾气，给对方一顿难堪。这样，两三百坛雪水送出，凑了一笔可观的捐资。

这位老人叫梁鼎芬。

民国二年（1913年），隆裕太后死，他参与“奉安”崇陵，为崇陵工程劝募巨款而四处奔走，博得“种树大臣”雅号。前后两三年间共栽树40601株。

这一年冬天，天降大雪，梁鼎芬修书一封给好友吴子修：“门外大雪一尺，门内衰病一翁。寒鸦三两声，旧书一二种。公谓此时枯寂否，此人枯寂否？”

这一年春天，与友人骤别，他怅然提笔给缪荃孙：“天涯相聚，又当乖离，临分惘惘。别后十二到朱雀桥，梅犹有花，春色弥丽。”

秋天到了，他殷殷问讯：“秋意渐佳吟兴如何？”

寒风袭来的时候，他的信更是温暖：“寒天奉书，一室皆春气矣。”

想念老朋友了，他会手书短简：“羊头已烂，不携小真书手卷来，不得吃也。”

这就是梁鼎芬，有人回忆起这样的细节：“先生善书，每作短札，一事一纸，若数十事则数十纸，且于起讫处，盖用图章。或问之，侈然曰：‘我备异日珍贵者之裱为手卷册页耳。’”其书法早年近黄、柳，中年自成一家，细筋入骨，瘦劲古雅，透逸之气，扑人眉宇。

这就是帝师梁鼎芬，一个可爱的人，一个有真性情的人，一个藏书家。

梁鼎芬（1859—1919年），字星海，号节庵，广州番禺人氏，世居广州榨粉街。梁鼎芬少失双亲，跟随姑姑生活。幼年有神童之称，曾就学于广州七大书院之一——菊坡精舍，是陈澧的得意门生。光绪二年（1876年），17岁的梁鼎芬中顺天乡举，光绪六年（1880年）中进士，授翰林院编修。

梁鼎芬一生颠沛流离，足迹遍布大江南北。他所寓之处，均建有专门藏书室。而且，他还会根据当时的心境，冠以不同名称。光绪年间，梁鼎芬中进士，当时居于京师米市胡同，所以就以隋朝勤于读书解经的何妥（字栖凤）自比，命书室为“栖凤楼”。后来跟随张之洞到了武昌，他把自己在武昌的藏书楼命名为“食鱼斋”。光绪三十二年（1906年），梁鼎芬因请罢庆亲王奕劻及奏劾直隶总督袁世凯失败，书室改为“精卫庵”，以明其弹劾权贵之决心。民国后因溥仪曾颁赏一幅岁寒贞松匾给他，于是又改室为“寒松馆”。

梁鼎芬出身书香世家，他的祖父原有“玉山草堂”藏书，散失后，由其父重新搜集，传至梁鼎芬已家藏十万余卷。葵霜阁今址在广州德政中路与仓边路之间，坊间名之“梁太史第”。梁鼎芬不重宋元精椠，而以收藏丛书、地方志书及清人文集为多。他对袁枚和龚自珍深恶痛绝，说他们一个素行无耻，一个心术至坏，决不藏二人之书。

因为梁鼎芬在湖北长达20年之久，故湖北省地方志的搜罗大致完备。除了葵霜阁，广州还有不少地方留下了梁鼎芬创建的藏书楼。因为他一生多执掌书院，故十分重视书院藏书及图书馆建设。徐信符《广东藏书纪事诗》记载：“节庵掌教端溪，创设‘书库’；掌教丰湖，创设‘书藏’；掌教广雅，扩充‘冠冕楼’；游镇江，又捐书焦山书藏。所至之地，均倡导藏书。”梁鼎芬跟一般的藏书家不同，他从来不视书籍为个人财产。他的一生，随藏随捐，而且创建了广东历史上第一个私人图书馆。

他有一段名言：“有书不借，谓之鄙吝；借书不还，谓之无耻。今之书藏乃一府公物，非一人之私有。不借不如不藏，不读不如不借。务使人人保护，人人发愤，历时概久，沾溉斯多。若许慈胡，潜莫相通。”掌教丰湖书藏时，他订立的《丰湖书藏四约》中规定了借书的日期、册数和对象。有趣的是，他规定“地方官长、各衙署幕友官亲、各学教授等官、监院不得借书”，以防其与民争利，借书不还。

1911年，梁鼎芬毅然在葵霜阁成立了梁祠图书馆，将自己的藏书向社会开放，为广州各学堂的学生提供借阅的图书。梁祠图书馆于当年4月1日开馆。他亲自制订《梁祠图书馆章程》共42条，内有观书、抄书、借书、读书、捐书五约，劝人多抄书，多借书，又主张办馆为公和捐书公藏。梁鼎芬预料广州不久将会成立“大书藏”，其遗愿是将自己的藏书捐入图书馆，并吩咐儿子若能读书，可到图书馆去阅览，不必定在家中。

可惜的是，他捐建的广州和惠州的图书馆后来都在日军的炮火中毁灭。

梁鼎芬秉性耿直，发誓要做“骨鲠之臣”，他在晚清政坛上屡有惊人之举，世人送他外号叫“梁疯子”。第一次惊人之举出现在光绪十年（1884年）五月。时任北洋大臣的李鸿章在中法战争中一味主和，与法国签订《中法简明条约》。梁鼎芬上书光绪皇帝弹劾李鸿章，指责李在与法国议约中于中越问题上失当，有“六大可杀之罪。请明正典刑，以谢天下”。慈禧太后为此大为恼火。梁鼎芬被以“妄劾”之罪降五级使用，成为空前绝后的“九品翰林”。一气之下，他自镌一方“年二十七罢官”小印，辞官躲进江苏镇江焦山海西庵内闭门读书。

光绪十三年（1887年），梁鼎芬被张之洞聘为肇庆端溪书院的山长。第二年，广州广雅书院开馆，梁鼎芬率端溪书院学生并入广雅，受张之洞之聘，梁鼎芬成为广雅书院的首任山长。端溪和广雅两大书院，是清代岭南的著名学府，梁鼎芬在此为岭南的教育事业、人才培养作出了很多贡献。张之洞对梁鼎芬有知遇之恩，张之洞调到哪里，梁鼎芬就跟到哪里，追随张之洞长达15年之久。光绪十五年（1889年），张之洞调任湖广总督，赴任武昌，梁鼎芬随从，在两湖书院任史学分教、监督等职；光绪二十年（1894年），张之洞调任两江总督，梁鼎芬又跟着去了南京，主讲钟山书院。张之洞对梁鼎芬说过这样的话：“节庵乃盘根错节之人，中怀郁愤，故其为人能沉着而有毅力，譬之于诗，必穷而后能工。我之所以对他抱有期望者，正在于此。”

《清史稿·梁鼎芬传》详细记述了梁的第二次惊人之举：“三十二年，入觐，面劾庆亲王奕劻通贿赂，请月给银三万两以养其廉。又劾直隶总督袁世凯‘权谋迈众，城府阻深，能谄人又能用人，自得奕劻之助，其权威遂为我朝二百年来满汉疆臣所未有，引用私党，布满要津。我皇太后、皇上或未尽知，臣但有一日之官，即尽一日之心。言尽有泪，泪尽有血。奕劻、世凯若仍不悛，臣当随时奏劾，以报天恩’。诏诃责，引疾乞退。”

这次弹劾他隐瞒了张之洞，再度被激怒的慈禧下诏“诃责”，梁鼎芬黯然挂冠而去，以江苏镇江焦山海西庵为清静之地，与世隔绝，闭门读书。下面这首诗颇能透露他的心态：

“零落雨中花，旧梦惊回栖凤宅；绸缪天下事，壮心销尽食鱼斋。”

有一则故事流传很广。梁鼎芬的夫人龚氏，才色俱佳，婚后住在题名为“栖凤苑”的京城的新居。好友文廷式常登门拜访，竟与龚夫人暗生情愫。梁鼎芬辞官到镇江焦山海西庵闭门读书，便把龚夫人托给文廷式照顾，龚夫人就此与文廷式同居。故事的结尾耐人寻味：文廷式死后，龚氏生活拮据，梁鼎芬时任武昌知府，龚氏便到武昌向梁鼎芬求助。他在食鱼斋里正装出迎，寒暄问候，将三千两银票压于茶杯之下，端茶送客，龚氏悄悄收下。文廷式曾留下一首《蝶恋花》，有“重叠泪痕缄锦字，人生只有情难死”之句，叶恭绰批曰：“沉痛。”

光绪三十四年（1908年），皇帝和太后先后死去，梁鼎芬“奔赴哭临，越日即行”。当时，张之洞已以军机大臣入阁管理学部事务，但梁并不前往拜谒而求进身，第二年张之洞死，梁鼎芬亲自到双庙村送殡。在发丧的路上，他一路步行。号啕大哭，老泪纵横。梁鼎芬写挽联，“老臣白发，痛矣骑箕，整顿乾坤事粗了；满眼苍生，凄然流涕，徘徊门馆我如何？”

辛亥革命后，梁鼎芬经陈宝琛推荐，主持了崇陵工程的管理事宜。其间，梁鼎芬“南北奔驰，露宿风餐，不遑安处”，据一名目睹者说，他长期住在梁格庄光绪帝停灵的暂安殿旁，每天朝奠于梓宫前，风雨无阻。

在梁鼎芬护陵植树期间，袁世凯为报数年前受梁弹劾之仇，派刺客来杀他，匕首已经顶在胸前，他面不改色地说：“能死在先帝陵前余愿已足，汝其快快动手可也！”刺客竟被感动，说明来历并劝梁离开，梁则坚定地表示：一定要看到松树长大才走。

1916年，梁鼎芬入宫做了废帝溥仪的师傅。他潜心为年仅十多岁的“皇帝”写“起居注”，把溥仪吹捧为“真英主也”。1917年，张勋复辟，卧病多日的梁氏强打精神，以清室代表的身份前往总统府，逼黎元洪“奉还大政”。然而，仅仅12天，复辟丑剧灰飞烟灭。后人评价他是不明大义，而自以为深明大义。

1919年梁鼎芬在北京郁郁而终，是年61岁。临终前，他遗言不可刻其诗集：“今年烧了许多，有烧不尽者，见了再烧，勿留一字在世上。我心凄凉，文字不能传出也。”至于他心爱的藏书，由茂名林朴山、惠阳许鹤俦两先生发起动员梁氏后嗣将书捐给图书馆。其子梁思孝将梁祠图书馆中全数600余箱，连同他原藏光绪崇陵园中署名“敝牛斋藏书”的10余箱，一并捐给广东省立图书馆。这是广东省立图书馆收到的第一批私人捐赠的图书，现在广东省的中山图书馆藏书中，凡钤有“番禺梁氏葵霜阁捐藏广东图书馆”朱文长方印的古籍，便是80多年前梁氏后人捐赠之物。至于留在北京寓所的藏书，自梁氏死后为仆人陆续窃售，所剩全部卖给同乡伦明在京开设的通学斋书店，后又被人购去。

梁鼎芬死后安眠于崇陵右旁的小山上，永远地为光绪守陵。末代皇帝溥仪赠其谥号“文忠”。

第三章

烽火岁月：古籍善本流亡记

这是中国第一座面向世界招标的建筑，它取材圆明园，中西合璧，艳惊世界。1933年2月的一天清晨，一列满载文物的火车，驶出了前门火车站。北平图书馆的珍贵善本图书与故宫文物一起，开始了艰辛的南迁旅程。数以万册的唐人写经、宋元珍本将面临何种命运？后来人们称这是人类历史上规模最大、历时最长的文物大迁移。

1941年秋的一个清晨，有些凉意的秋风掠过已经发黄的树叶。晨色中一辆行驶的汽车，打破了上海黎明时分的宁静。

几个劳工打扮的人在一个神秘人物的带领下，出现在了上海法租界公共仓库的门前。劳工们很快开始了紧张的工作，他们的任务是将这些大箱子搬上等候在门外的汽车。劳工们都默默地工作，他们要争取在天亮之前完成所有的任务。这辆装满了大箱子的汽车趁着夜色，在黑暗中行驶，不希望引起任何人的注意。

坐在车里的一个人却始终悬着一颗心，他很清楚这些特殊货物的分量，一旦这些东西出现闪失，将是整个中华民族的损失，他自己也将成为整个民族的罪人。

这个人叫钱存训，当时任北平图书馆上海办事处的负责人。这是一次秘密的任务，钱存训正是这个秘密任务的执行者。他们要将这些大箱子安全送上开往美国的商船。

1941年，上海已经被日军占领4年了。这段时间是这个城市最黑暗的一段历史。4年里，日军完全控制了这里的一切。日军实行高压政策，对中国人的生命和财产进行肆意的迫害。

当时上海海关已经被日军封锁，所有进出物品都要经过日军检查和许可。国人要想将物品安全送出上海海关，困难重重。当时海关虽然被日军占领，但是中国籍的海关人员，大都留在海关继续工作。经过精心的布置安排，钱存训找到一位在海关工作的中国人做内应。送到海关后，这批箱子并不开启，而是由这位内应人员直接签字放行。

为了顺利通过日军控制的海关，这批货物用中国书报社的名义开具发票报关，作为替美国国会图书馆购买的新书。

上海沦陷后，北平图书馆存放在上海的6万余册图籍的安全再次受到威胁！

当时的北平图书馆馆长袁同礼，万般无奈，想出一个办法。从已转运至上海租界的6万册珍贵馆藏中再精选出3万余册，计有善本近3000种，分装102箱，大部分于1941年秋分批运送到美国国会图书馆寄存。

原来，这些看起来不起眼的大箱子里，存放的全是当时国内最为珍贵的宋元明清时代善本书籍，为历朝内阁大库的存书，是北平图书馆所藏善本的精华。这也是让钱存训感到担心的真正原因。

1941年，德意日法西斯的力量在世界各地最为横行，绝大部分地区和国家都被卷入了二战的战火。然而，此时的美国还置身于战争之外。将这批善本运往美国，是一个无奈的决定，但在当时来说，也许是最为安全的办法。然而，战争年代，总有一些让人无法预料的事情发生。

就在最后一批善本送上美国商船的第三天，1941年12月7日， 震惊世界的珍珠港事件爆发，日美正式宣战。这批善本就这样在战火中被奇迹般地运到美国。

战后，为表彰钱存训冒生命危险，护送国宝的功绩，教育部传令嘉奖并发给奖金一万元。可惜的是，当钱存训拿到这笔奖金时，因为通货膨胀，这些钱只够买一只小鸡了。

这批书后来被摄制成微缩胶片1070卷，赠送中国图书馆三套，底片现存美国国会图书馆，据说这套胶片以每套6万美元，售出200多套，由世界各国图书馆

国立北平图书馆善本书室

收藏。原书于1964年应台湾中央图书馆要求运回代管，现寄存台北“故宫博物院”。如今，这些图书依然处在封箱寄存状态，1984年，钱存训访问台北，还亲自开箱检查，并在箱前留影。这位百岁老人晚年念念不忘国宝回归，他说“希望这批当年费尽心力保存的国宝能早日原璧归赵”。

1999年，国图九十诞辰时，特派代表团赴美，为钱先生授予奖状，充分肯定了他当年的“烽火岁月救国宝”的贡献。

1931年以后，国立北平图书馆的工作可谓蒸蒸日上，但树欲静而风不止，来自东邻的战争叫嚣不时传入宁静的图书大厅。“九一八”事变后，华北局势日益恶化。《塘沽协定》的签订使日军在华北地区的活动更加自由和猖獗，北平已经成为一座危城。

1933年3月18日，第一批善本甲库32箱、唐人写经46箱存德华银行。

5月6日，第二批善本甲库30箱、乙库38箱、舆图13箱存天津大陆银行。

5月16日，第三批善本甲库40箱存德华银行。

5月23日，第四批善本甲库14箱存德华银行。

早在中日甲午战争期间，日本宫中顾问兼帝国博物馆（今东京博物馆）总长九鬼隆一便制定了《战时清国宝物搜集方法》，宣称“搜集大陆邻邦的遗存品乃属学术上最大之要务”，“战时搜集毫不悖国际公法之通义”。

面对揭去文明面纱的侵略者，国民政府决定甄选北平的珍贵文物，装箱南运。1933年5月的一天清晨，满载文物的火车，驶出了前门火车站。北平图书馆的珍贵善本图书与故宫文物一起，开始了艰辛的南迁历程。后来人们称这是人类历史上规模最大、历时最长的文物大迁移。

这些珍品包括：善本中之罕传品，唐人写经，方志稀见本，四库罕传之本，内阁大库舆图。共计古籍珍本6万余册。后来，教育部又密电将宋元精本、《永乐大典》、明代实录及明人文集，加入南迁行列。

火车沿平汉线到郑州，后改陇海线到徐州，再由津浦线到达南京的浦口。

至1935年12月，已装箱运出的善本图书共586箱。大部分运往上海，一部分寄放在南京。

1937年7月7日，日本发动卢沟桥事变，抗日战争全面爆发。

7月30日，北平宣告失守。当日，北平图书馆馆务会议决议每天半日开馆，第二日又决定照常开馆阅览。

8月8日，北平沦陷。第三天，副馆长袁同礼及一批馆员离开北平，前往长沙。在长沙了解到刚由北京大学、清华大学和南开大学组成的长沙临时大学急需图书资料，当即决定与临时大学合作筹设临时大学图书馆。12月，长沙多次遭日军飞机轰炸。临时大学决定再迁昆明，希望在云南与北平图书馆继续合作，袁同礼表示赞同。

但此提议遭到时任中基会执委会中美国代表司徒雷登的反对。理由是，北平虽已沦陷，但日方并未对北平图书馆采取任何侵犯主权的行动，北平图书馆至今保持着独立，应予维持，南下馆员应返平工作。

在给蔡元培馆长的信中，袁同礼表达了不同意见："……唯北平图书馆即为国家机关，国家之立场不能不顾，自与燕大，协和情形不同（已均悬挂五色旗）。既有临时政府，复有日本顾问，国人虽欲返平，但事实方面，在此环境中实无法做事。"

经过多方努力，中基会终于同意南下馆员继续在昆明与临时大学合作，继续拨款支持北平图书馆，并将所订杂志由北平改寄昆明。

云南昆明

1938年4月，原北平图书馆长沙办事处人员随长沙临时大学搬迁至昆明。随

■ 昆明办事处馆舍

后，长沙临时大学在昆明更名为“国立西南联合大学”。袁同礼兼任图书馆馆长，8名馆员参与联大图书馆工作。5月，国立北平图书馆设立昆明办事处。

1939年4月10日，国民政府教育部社会教育司致函北平图书馆，称：“该馆现已迁滇，如在滇仅设办事处，殊不足以正视听，亟应加以调整，将办事处改组为馆本部。”根据这一指示，北平图书馆昆明的办事处升格为馆本部。此后，昆明本部被称为“南馆”，北平图书馆称“北馆”。

升格的同时伴随着危险的升级。1938年9月起，尤其是1940年10月日军占领越南河内后，对昆明的空袭日益频繁。在昆明文庙尊经阁内办公的南馆馆舍三次遭敌机轰炸。在1941年1月的一次轰炸中，文庙几乎全部被毁，南馆所在的尊经阁房屋被枪弹碎片洞穿30余处，纸窗门扇也受震倾斜。所幸人、书尚无损失。

1940年3月5日，蔡元培馆长在香港逝世。

1943年，教育部正式任命袁同礼为国立北平图书馆馆长。

抗战时期的西南地区，既是正面战场的指挥中心，又是大后方基地，地位重要，作用巨大，该地区的地方志及相关文献不仅成为中日双方关注的对象，欧美各国也对其格外留意。因此，集中征集西南文献，成为南馆最重要的工作之一。

1939年，派馆员赴云南各地，对石刻进行逐件传拓；

1941年，派编纂万斯年深入丽江地区采集文献，征集到纳西族东巴经典3000余册。

■ 东巴经

1943年，袁同礼收到北平图书馆委员会委员、时任中央研究院历史语言研究所所长傅斯年转来的一封信。信中称云南武定有一那姓土司，家中藏有大量珍贵彝文经典和文献，欲出售，许多外国人已经赶到那里欲高价收购。写信人是正在当地进行调查研究的史语所助理研究员马学良。

这封信引起袁同礼馆长高度重视，立即起草给教育部的呈文，请求划拨专项经费。4月，教育部拨10万元到馆，6月，万斯年先生奉命前往武定，几经艰险，抵达武定那姓土司家。

马学良后来回忆道："……我去那里时，藏书楼已封闭几十年了。……我们一进屋迎头是鼠跳虫飞，书香气已变成了霉臭味了。旧籍多为鼠啮虫咬，有些已纸黄页碎，无法翻揭……"

适土司外出，职务由其母代行，万斯年会同马学良同其母再三商洽，一面晓以传授彝文、保存彝族文化的大义和盛意，一面央请土司亲友从中劝导。历时数月，终于打动其母。她答应将家藏经典文献一部分廉价出让，一部分捐赠给国家。她的附带要求只是请国家有关部门发给奖状或匾额。

在收集的过程中，又发生了一个意想不到的波折。

彝族在旧时代被称为"倮倮"，后来被彝族人认为是一种侮称。不知情的万斯年在与土司的面谈中，以倮倮称呼他，引起土司的反感。他要家奴转告马学良，勒令万斯年立即离开辖区，否则不负责他的安全。万斯年后来感慨地说，为了这批书，险些丧了性命。

这批珍贵文献包括：彝文写经507册，写经卷子1轴，刻经15册，刻版15块，汉文档册12册。共用去经费103374元。

战争爆发后，袁同礼以图书馆人的职业敏感，意识到此次战争的重大意义，"惟历史陈迹，最易泯没，其资料若不加搜集，转瞬即逝"，应给后人留下完整记录。1938年秋，袁同礼致函西南联大蒋梦麟、梅贻琦、张伯苓三常委，征得他们的同意，与西南联大联合组成抗日战争史料征辑会。

征集启事称："举凡'九一八'以来暴日侵华之经过，抗战发动之缘起，国际关系之变迁，我军战斗之实绩，国内政治、经济、社会、交通、教育方面之兴革，民众运动之发展，救济救护之设施，沦陷区域之情况，敌军之暴行等等，凡与此有关之文献，悉在搜集之列。"

这一工作也同时在重庆、上海和香港进行。

1939年初，袁同礼致函国民革命军第十八集团军驻渝办事处领导人周恩来，并请他转告延安方面，支援北平图书馆征集抗战史料的工作，得到中共重庆办事处的积极回应。这是北平图书馆自成立后，与中国共产党的第一次交往。

1939年4月，延安新华书店复函通知将按期向北平图书馆寄赠《解放》、《中华》、《新华日报》各一份。6月，延安解放社致函南馆："所需本社出版图书，准照尊嘱，以后如有出版，已开赠户，当不断寄奉"。7月，第十八集团军驻渝办事处向北平图书馆寄赠周恩来交下的解放区出版物27种。

这些早期出版的文献成为后来国家图书馆解放区文献专藏的基础。

北京文津馆

就在南馆致力采访西南文献，征集抗战史料，为抗战服务的同时，北馆在日军占领下的北平苦苦维持。当时，日本占领军虽碍于北平图书馆牵涉美国利益，不便公然"接收"，但却常派人到馆或查禁书，或查账目，使北平图书馆上下笼罩在惶恐的气氛中，人心有所涣散。

得知这些情况，袁同礼馆长在1938年4月28日致函全体留平员工："当此非常时期，本馆对于国家应有相当贡献。北平图书馆处特殊环境之中，应付诸感困难，但同人不应以维持现状为满足，而宜放大眼光，忠诚服务。盖文化事业自有其永久性也。港、滇同人从事复兴工作，赖国际同情之助，已获有极大效果。故本馆一方面为国家保存重要文献，一方面协助全国图书馆积极复兴，职责重要自不待言。允宜分工合作，共同努力，俾能完成使命，为新中国文化事业树一永久基础。"

1937年底，在日本华北方面军特务机关的策划和扶植下，伪"中华民国临时政府"和伪"中华民国新民会"相继在北平成立。迫于日伪当局的压力，北平图书馆对本馆藏书进行了一次审慎检查，检出有违禁嫌疑的图书4000多册，装箱封存。

1938年5月，伪"中华民国新民会"派人将图书强行提走。司徒雷登得知后致函伪临时政府教育总长汤尔和，汤要求伪"新民会"负责人退还原书。伪"新民会"虽答应照办，但此前劫走之书已被烧毁大部。北平图书馆图书因此遭受了一次重大损失。

1941年中，伪教育总署勒令北平图书馆，要求在10月底前，再次查点有关抗日言论、共产主义、社会主义、马克思主义四类图书。北平图书馆只得把涉嫌书籍检出，封存至禁书库内。

1941年11月11日，伪教育总署发出训令，要求北平图书馆逐日报告工作，重要事项要先呈准，教育总署随时派人检查，随时调阅卷宗，随时撤换“不称职之职员”等。这意味着日伪当局已直接插手北平图书馆事务，表明国立北平图书馆已经失守。

1941年12月8日，即太平洋战争爆发当日，驻北平的日伪警宪就对北平图书馆进行了大搜查。北平图书馆被迫闭馆。同一天，日军还强行闯入燕京大学，逮捕了该校校长、中基会成员司徒雷登及数十名师生。

1942年1月2日，伪华北政务委员会宣布接收北平图书馆，改其名为“国立北京图书馆”。4月14日周作人以伪教育总署督办兼任“京馆”馆长。4月21日，伪教育总署命令施行《国立北京图书馆暂行组织大纲》。经过内部整顿，“京馆”于1942年5月1日宣布开馆。

周作人接受兴亚院指令，委任秘书主任王钟陵赴沪，日本方面也指派华北联络部的日本调查官水川和伪华北政务委员会的日本专员臼井，处理运书事宜。

1942年11月，原存在上海的128箱善本书被运回北平。存放于中国科学社的西文书刊，在1943年8月运回。

1945年8月15日，日本宣布无条件投降。

1945年10月17日，国民政府教育部派北京大学教授沈兼士为特派员，负责接收“国立北京图书馆”。名称改回“国立北平图书馆”，隶属由原属教育部及中基会董事会改隶于教育部。

1945年11月，袁同礼馆长奉教育部令接收国立北平图书馆。

经馆长视察，“本馆藏书，仅有二十七年五月三十一日经伪新民会强行提去政府出版品及俄文书籍一部分，除已函达北平市之党部请予清理归还外，其它留平之善本图书、《四库全书》及普通中西文图书均幸无残佚毁损。房舍、器物亦尚完好”。

而“抗战八年来，公开阅览服务并未中断”，留守北平图书馆的同人，以保护馆产为重，“未敢擅离职守，隐忍于伪组织管理之下，与之相周旋数载”，使得国立北平图书馆能够完璧归赵。

当然，这不包括南迁的馆藏。

然而，自从1945年8月北平复员到1949年1月北平和平解放，大家预想中的长足发展并没有出现。和平局面只维持了10个月。1946年6月，内战全面爆发。

当年国民政府的军费开支在该年岁出总额中占的比例是83.3%。制约图书馆发展的老问题——经费问题重新出现。从现存的资料看到，1945年10月19日至1947年8月2日，北平图书馆先后16次向教育部申请费用，包括购书费、设备费、煤炭费、运输费、维修费、租赁费和馆长的医药费。16次申请，教育部给予批复的仅有9次，拨款则不知道又打了多少折扣。而更让人惊讶的是，在教育部的计划拨款项目中，竟然没写“购书费”一项，而这是图书馆开销中的大项。

尽管经费困难，北平图书馆仍不错过收购民间珍贵藏书的机会。其时最著名的是海源阁旧藏。

聊城杨氏海源阁是清代著名的私人藏书楼，由清代著名藏书家杨以增始建于道光二十年（1840年）。当时与常熟瞿氏铁琴铜剑楼、归安陆氏皕宋楼、钱塘丁氏八千卷楼齐名，而其藏书之富赡珍秘，远在陆氏、丁氏之上。后陆氏、丁氏书

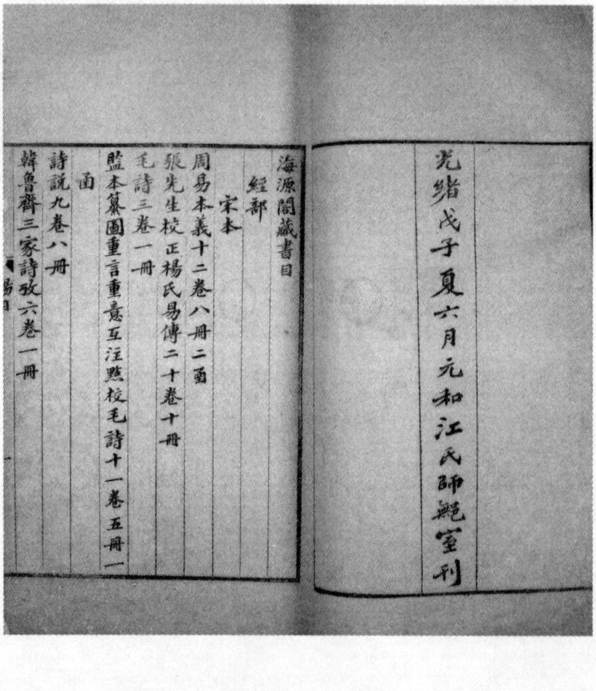
光緒戊子夏六月元和江氏師鄦室刊
海源閣藏書目
經部
宋本
周易本義十二卷八冊二函
張先生校正楊氏易傳二十卷十冊
毛詩三卷一冊
監本纂圖重言重意互注點校毛詩十一卷五冊一
函
詩說九卷八冊
韓魯齊三家詩攷六卷一冊

海源阁藏书

转归他人，仅余海源阁与铁琴铜剑楼遥相辉映，故有“南瞿北杨”之称。杨氏四代人藏书，前后历时上百年。累计藏书22万卷，其中宋元珍品逾万卷。

1928年春，西北军第17师马鸿逵部占聊城，海源阁书稍有损失，杨敬夫担心家中藏书难以保全，同时欲变卖书籍以谋生计，是年冬匆匆回到聊城，将海源阁珍籍装十几大箱，运至天津。

1930年春，土匪又进聊城，盘踞海源阁杨宅。此后又有改编之军队入城，此去彼来，连续不断，时间长达8个月之久。不仅王献唐登记的珍善本书荡然无存，而且普通明清版书亦大量被劫掠损毁。据说，土匪或持书出售，或撕开包物、燃火煮饭、作枕头使用。匪首王冠军则请来书籍古玩专家，检选善本及珍贵碑帖字画，囊括而去。匪徒退后，杨宅“院内室外，书籍满地，厕所马厩，亦无地无之，院内书籍，尽为大雨淋烂”（《中央日报》1931年1月16日，《申报》1931年5月1日亦载文详述此事）。这次杨氏藏书损失之惨重，实在骇人听闻。

1930年夏，北平琉璃厂崇文斋主人孙瑞卿由北京返里探亲，乘火车至德县打尖，闲逛当地集市，偶于旧货摊上一堆乱书中捡出宋刊《童蒙训》两册，乃海源阁藏稀世珍本，随即廉价购去，售与北平图书馆。1931年2月22日《申报》与《新闻报》均载：博平土匪大风子、王二扁担曾在王冠军部下当过营长，劫海源阁书甚多。韩复榘所部29师87旅旅长荣光兴剿其住宅，检获书画数页，乃海源阁之物，但已破烂不堪，闻珍贵者已运往他处。又1931年5月16日《申报》载：王冠军部途经高唐，有一士兵携书数麻袋，嫌其累赘，乃以60吊钱售于高唐邮政局长刘松年，刘将其运至济南，高价出售。这批图书共20余种，多为载于《楹书隅录》之珍本。

1931年下半年杨敬夫又将包括“四经四史”等镇库珍籍在内的92种宋元版书，经北平琉璃厂藻玉堂经理王子霖介绍，以8万元价格抵押给天津盐业银行。后从事工商业活动亏损，无力赎还。为防止这批珍贵书籍流入外域，潘复、常朗斋、王绍贤、张廷锷等人组织了“存海学社”集资赎买，仍存于盐业银行。

1945年11月，北平图书馆与“存海学社”商洽，经教育部长朱家骅同意，拨专款1500万元将书收归国有。1946年1月，这批92种1200多册的古籍珍品，分装七大箱，运回北平图书馆保存。

光复后北平图书馆的一项重大任务是清点库藏，运回寄存异地的图书，追回战争中被劫掠的图书。

内阁舆图是北平图书馆特藏，多属海内孤本，1936年运往南京，存故宫博物院南京分院。1937年底，日军占领南京，内阁舆图连同故宫古物一并被日军劫持。抗战胜利后，教育部派员清点，发现缺失7件。

1948年底，辽沈战役以人民解放军的胜利结束，平津战役即将打响。12月，共277件舆图分装18箱，被送到故宫博物院南京分院保存库存放。21日，这些在南京寄存近12年的舆图同故宫文物一起被运往台湾。

抗日战争中寄存在美国国会图书馆的102箱善本因故也未能回到北平图书馆。

日本侵华期间，被劫掠的中文图书典籍数至今未能确切查明。其中，最大的一批是寄存在香港大学冯平山图书馆的一百多箱图书。据专家估计，其中至少有

■1947年北平图书馆工程阅览室

■北平图书馆西编组工作人员在整理图书

28种文献可称为“国宝”。

1946年2月，在东京的日本国会图书馆（原帝国图书馆）发现了从香港劫来的中国古籍25000册，后来又在日本伊势原乡下，发现另一批文献近万册。这两批书籍于1946年8月18日归还中国。

郑振铎：独战沦陷区

“这时候，外面的空气越来越恐怖，越来越紧张，已有不少的友人被逮捕了去，我乃不能不走。……我没有确定的计划，我没有可住的地方，我没有敷余的款子。……以前暂时躲避的几个戚友处，觉得都不大妥，也不愿牵连到他们，只随身携带着一包换洗的衣衫和牙刷、毛巾，茫茫的在街上走着。那时，爱多亚路，福煦路以南的旧法租界，似乎还比较的安静些，便无目的向南走去。这时候我颇有殉道者的感觉，心境惨惶，然而坚定异常。太阳很可爱的晒着，什么都显得光明可喜，房屋、街道、秃顶的树，虽经霜而还残存着绿色的小草，甚至街道上的行人，车辆，乃至蹲在人家门口的猫和狗，都觉得可以恋恋。谁知道明天或后天，能否再见到这些人物或什么的呢！”

这是郑振铎滞留沦陷区后的一段文字。

1937年8月，日本进犯上海，史称“八一三”事变，中日大规模战争的序幕就此揭开。

中国江南有着悠久的藏书传统，民间藏书家颇多，战火一起，这些藏书家首当其冲，成了最大的受害者，许多藏书毁于兵火。更多藏书家为了维持生计，纷纷出售其所藏。散出去的古籍珍本，大都集中到上海的书市，好东西“是那么多，那么齐整，那么精好，而且十分的廉价”。敌伪华北交通公司，梁鸿志、陈群等人，以及美国哈佛燕京学社闻风而动，大肆搜购，志在必得，许多北方书商也纷纷南下寻购。“几乎每一家北平书肆都有人南下收书。在那个时候，他们有纵横如意、垄断南方书市之概。他们往往以中国书店为集中的地点。一包包的邮件，堆得像小山阜似的。”

当时的郑振铎，在上海任暨南大学文学院院长。战争爆发后，人们纷纷离开上海，只有郑振铎最终决定留下，这一待就是八年。

■ 郑振铎

“从‘八一三’以后，足足的八年间，我为什么老留居在上海，不走向自由区去呢？时时刻刻都有危险，时时刻刻都在恐怖中，时时刻刻都在敌人的魔手的巨影里生活着，然而我不能走。许多朋友们都走了，许多人都劝我走，我心里也想走，而想走不止一次，然而我不能走。我不能逃避我的责任。我有我的自信力。我自信会躲过一切灾难的。”

郑振铎被书绊住了脚跟。

在这样一个动荡的年代里，许多原来深藏不露的古籍珍本开始露出庐山真面目，郑振铎像发现了珍宝一样：“我梦想着要读到钱遵王《也是园书目》里所载许多元明杂剧。我相信这些古剧绝不会泯没不见于人间。他们一定会传下来，保存在某一个地方，某一藏家手里。他们的精光，若隐若现的直冲斗牛之间。不可能为水、为火、为兵所毁灭。”

在上海的头两年，郑振铎以个人名义极力搜购珍贵古籍，以单薄之力担负起拯救中华文化典籍的重任，对于自己所要面临的困难和艰辛，郑振铎说：“以一人之力欲挽狂澜，诚哉其为愚公移山之业也！”在浩如烟海的古籍流失面前，任何个人的力量都显得微不足道，正如郑振铎所叹：“精卫填海，中夜彷徨，每不知涕之何从！”

眼见北平来的书商收获颇丰，“江南的图籍，便浩浩荡荡的车载北去”，郑振铎懊恼不已：“他们所得售之谁何人呢？”古籍价格昂贵且数量巨大，一介布衣的郑振铎势单力孤、力不从心。商务印书馆元老张菊生、光华大学校长张咏霓、暨南大学校长何柏丞、版本鉴定家收藏家张凤举四人，正好因职位或任务关系留在上海。郑振铎与他们经常相聚，商谈挽救办法。

“我们对于这个‘抢救’的工作，都觉得必须立刻要做！我们干脆地不忍见古籍为敌伪所得，或大量的‘出口’。我们联名打了几个电报到重庆。我们要以政府的力量来阻止这个趋势，要以国家的力量来‘抢救’民族的文献。”

郑振铎发现古籍大多流落到美国人和日本人手上，他深感“忧心如捣”。1940年1月，由郑振铎发起，五人联名给重庆教育部和中英庚子款管理董事会写信、发电报。他们痛陈江南文献遭劫的危急状态，指出其严重后果，强烈要求当局拨款予以抢救。重庆国民政府回电，虽然表示赞成“创议在沪组织购书委员会，从事搜访遗佚，保存文献，以免落入敌手，流出海外”，但同时又表示政府拨款抢救文献存在着许多现实困难，“惟值此抗战时期，筹集巨款，深感不易。而汇划至沪，尤属困难。如由沪上热心文化有力人士共同发起一会，筹募款项，先行搜访，以协助政府目前力所不及，将来当由中央偿还本利，收归国有，未识尊见以为如何？”在郑振铎等人的力争下，重庆政府最终还是决定将庚款董事会拨给南京中央图书馆的一笔建筑费约一百余万元，先行挪用来抢救古籍。责成国立中央图书馆筹备处主任，后为首任馆长的蒋复璁先生进行搜购。

其后，蒋复璁用化名先往香港，与中英庚款董事会董事叶恭绰接洽，随后又潜赴上海，经与有关人士商议，决定组成“文献保存同志会”，以避敌伪耳目，对外搜购善本古籍。并表示“自今以后，江南文献，决不任其流落他去。有好书，有值得保存之书，我们必为国家保留之”。“文献保存同志会”对外严格保密，只以私人或暨南大学、光华大学、涵芬楼名义购书。“同志会”的具体分工为：由张寿镛负责版本与价格的审定，何炳松负责经费的收支，郑振铎负责跟书商及藏书家接洽，并兼图书的保管、编目工作，版本收藏家张凤举参与采访，叶恭绰则负责香港方面的搜购及主持由沪寄港精品的转运事宜，故宫博物院古物馆馆长徐鸿宝亦从后方跋涉至沪、港两地协助工作。工作卓有成效，江南著名藏书家如吴兴张氏适园、刘氏嘉业堂、江宁邓氏群碧楼、嘉兴沈氏海日楼、常熟瞿氏铁琴铜剑楼等私藏珍本大都被购得，收归国有。

郑振铎回忆此时自己的工作说：“北自山西、平津，南至广东，西至汉口的许多古书与文献，没有一部重要的东西曾逃过我的注意。我所要买的东西决不会跑到他们那里去。”

“文献保存同志会”在保存文献上的工作得到了时人的高度评价。重庆徐森玉在致友人信中曾提及“同志会”的工作，他评价说：“心专志一，手足胼胝，日无暇晷，确为人所不能，且操守坚正，一丝不苟，凡车船及联络等费，从未动用公款一钱。”在前后不到两年时间里，郑振铎及“同志会”的同仁从敌伪和外国人手中夺回了不少堪称国宝的孤本和稀世珍本。

郑振铎这样叙述他的生活：“有一个时期，我家里堆满了书，连楼梯旁全都堆得满满的。我闭上了门，一个客人都不见，竟引起不少人的误会与不满，但我不能对他们说出理由来。我所接见的全是些书贾们。从绝早的早晨到上了灯的晚间，除了到暨大授课的时间以外，我的时间全耗于接待他们，和他们应付着，周旋着。我还不曾早餐，他们已经来了。他们带了消息来，他们带了‘头本’来，他们来借款，他们来算帐。我为了求书，不能不一一的款待他们。有的来自杭州，有的来自苏州，有的来自徽州，有的来自绍兴、宁波，有的来自平、津，最多的当然是本地的人。我有时简直来不及梳洗。我从心底里欢迎他们的帮助。就是没有铺子的掮包的书客，我也一律的招待着。”

“但在许多坏书、许多平常书里，往往夹杂着一两种好书、奇书。有时十天八天，没有见到什么，但有时，在一天里却见到十部八部乃至数十百部的奇书，足以偿数十百日的辛勤而有余。我不知道别的人有没有这种经验：摩挲着一部久佚的古书，一部欲见不得的名著，一部重要的未刻的稿本，心里是那么温热，那么兴奋，那么紧张，那么喜悦。这喜悦简直把心腔都塞满了，再也容纳不下别的东西。我觉得饱饱的，饭都吃不下去。有点陶醉之感。感到亲切，感到胜利，感到成功。我是办好了一件事了！我是得到并且保存一部好书了！更兴奋的是，我从劫灰里救全了它，从敌人手里夺下了它！我们的民族文献，历千百劫而不灭失的，这一次也不会灭失。我要把这保全民族文献的一部分担子挑在自己的肩上，一息尚存，决不放下。”（《跋〈脉望馆钞校本古今杂剧〉》）

自“文献保存同志会”成立之日起，郑振铎除了在暨南大学授课外，所有课余时间都投入抢救工作。他整日接待书商，常常为购书款的多少而与书商讨价还价，煞费苦心。每天收来之书，还要经他点查、登记、编目然后装箱运送。储藏本有专人，但他还要亲自检点。为了预防不测，对于重要的孤本珍本，他还设法制作副本，或影印或拍照晒印，工作相当繁重。对于此时期郑振铎的工作状态，我们可以从郑振铎给张咏霓的书信中一见端倪。从1940年1月至1941年12月，在前后不到两年的时间里，郑振铎为购书事宜致张咏霓的信就达270封之多，其中最多的一个月写有21封信。信中除谈及购书之事外，也时有郑振铎发自内心的感慨，从这些感慨中我们可以一定程度了解郑振铎从事这一工作时的内心状态：

我辈收书，不重外表，不重古董，亦不在饰架壮观，唯以实用及保存文化为主。……我辈之工作，完全唯国家、民族之文化着想，无私嗜，无偏心，故可得好书不少……此愿如能在炮火中实现，则保存民族文化之功力，较黎洲、子晋、遵王更大矣！……然此半年来，心力已交瘁，所费时间尤多。先生所费心于此者亦已极多。但觉此事于国有利，故尚可敢言劳也。

我辈自信眼光尚为远大，责任心亦甚强，该做之事决不推辞。任劳任怨，均所甘心。为国家保存文化，如在战场上作战，只有向前，决无逃避。且较之驰驱战场上之健儿们为安适。一念及前方战士们之出生入死，便觉得勇气百倍，万苦不辞。

郑振铎在致张咏霓信中沉痛地说：“近日连遭失败，心中至为愤慨！……终夜彷徨，深觉未能尽责，对不住国家！思之，殊觉难堪！殊觉灰心！”在抢救文献的工作中，最让郑振铎感到痛心的一件事是他存放在香港的一批图书文献的丢失。随着战争的形势越来越严酷，为保证“同志会”搜集的文献的安全，郑振铎将他认为够得上“珍本”、“善本”的多部明刊本和钞校本陆续装箱邮寄到香港大学，请在那里执教的老友许地山暂时收存，然后再伺机设法运往重庆或美国暂行庋藏。这批文献被许地山存放在香港大学图书馆。

1941年，日军偷袭珍珠港，太平洋战争爆发，随即香港沦陷，搜购古书的行动不得不停止。虽然只有短短两年左右时间，却适时购得善本48000多册，可称丰硕。此后开始的4年，郑振铎的工作主要是如何设法把已经搜罗到的书，辗转运送出去，或是妥善保藏。用郑振铎自己的话说：“在这两年里，我们创立了整个国家图书馆。虽然不能说应有尽有，但在质和量方面都是同样的惊人，连自己也不相信竟会有这么好的成绩。”

“同志会”在上海所搜善本，最初先邮寄到香港，再转运至重庆，因转运费用过巨，只运过一次，余下的书便都留在香港，后来局势危急，准备运美，寄存于国会图书馆，不料香港沦陷，尽被日军劫走。当郑振铎得知存放在香港大学图书馆的文献下落后，他痛心不已：“我们费了那么多心力所搜集到的东西，难道竟被毁失或被劫夺了么？我们两年间辛苦勤劳的所得难道竟亡于一旦么？”他甚至后悔自己的多事，“一念及此，便锥心痛恨，自怨多事。假如不寄到香港去，也许可以仍旧很安全地保全在此地吧？假如不搜集拢来，也许大部分的书仍可楚弓楚得，分藏于各收藏家手里吧？”为了这批“命根子”，从来不讲迷信的郑振铎竟然跑到城隍庙去向“城隍老爷”求签问卜。也许他的一片真诚，真的感动了上苍，在经过长时期的痛苦煎熬后，战后经中国驻日军事代表团深入查证，终在东京帝国图书馆地下室及伊势原乡下搜获这批珍贵古籍。国民党南京中央图书馆馆长蒋复璁后来也评价“同志会”的工作说：“现今台湾的中央图书馆的善本书库，几乎全是由这个同志会抢救收购的。”

这段时间，郑振铎一直津津乐道的一件事是他收购了一部《脉望馆钞校本古今杂剧》，这是我国古代最大的一部戏曲总集，保存元明杂剧242种，其中100多种是久湮的孤本。《脉望馆钞校本古今杂剧》辗转藏书家手中300余年，及至1938年出现时，郑振铎将之比为“不次于敦煌石室与西陲汉简的出现”，其实，这部书一直在藏书者手中，秘而不宣。

这部书明末清初流入钱谦益手中，这又是一段传奇：顺治七年（1650年）十月初二夜，钱谦益的“半野堂”失火，延及绛云楼，片刻间，宋元佳椠化为灰烬。曹溶在《绛云楼书目题辞》中说：“其幼女中夜与乳媪嬉楼上，剪烛火落纸堆中，遂燧。宗伯楼下惊起，焰已张天，不及救，仓皇出走，俄顷楼与书俱尽。”钱谦益自己也曾言：“吾家庚寅之火，江左书史图籍一小劫也。”但那部费千二百金的宋刊《前后汉书》，以及被后世视为国宝的《脉望馆钞校本古今杂剧》却另藏别处，得以幸免。

《脉望馆钞校本古今杂剧》最后的持有者为缃素楼楼主丁祖荫，他曾故弄玄虚地撰文，说见过此书，而后“匆匆归赵”、“云烟一过，今不知流落何所”。此书经赵琦美、钱谦益、钱增、季镇宜、何煌、黄丕烈、汪士钟、赵宗建再到丁祖荫手里，历300余年，其书目也只隐约可见。

当《脉望馆钞校本古今杂剧》现身上海的时候，郑振铎决意收购，几经周折，终以九千金购得。

这四年里，为了安全，他甚至不再能在自己的家里居住。他的日子是这么过的：“我东躲西避着，离开了家，蛰居在友人们的家里，庆吊不问，与人世几乎不相往来。我绝早的起来，自己生火，自己烧水，烧饭，起初是吃着罐头食物，后来，买不起了，只好自己买菜来烧。在这四年里，我养成了一个人的独立生活的能力，学会了生火，烧饭，做菜的能力。”

“其初，仅阻挡住平贾们不将江南藏书北运，但后来，北方的古书也倒流到南方来了。我们在敌伪和他国人的手里夺下了不少异书古本。”

“几乎把别的什么全都放下了，忘记了。我甚至忘记了为自己收书。我的不收书，恐怕是二十年来所未有的事。但因为有大的目标在前，我便把‘小我’完全忘得干干净净。我觉得国家在购求搜罗着，和我们自己在购求搜罗没有什么不同。藏之于公和藏之于己，其结果也没有什么不同。我自己终究可以见到，读到的。”

战时沪购善本举要：

1.《东都事略》130卷，宋王称撰，宋绍熙间眉山程舍人宅刊本。此书是南京人所修北宋九朝帝王史，宋刻宋印。目录后有刻书牌记，声明禁止翻印，可佐证当时刻书事业的发达。

2.《宋太宗皇帝实录》存12卷，宋钱若水、杨亿等撰，宋理宗时馆阁写本。此为现今仅存的宋代皇帝实录，亦馆藏最早的官书写本。

3.《会通馆印正宋诸臣奏议》150卷，宋赵汝愚编，明弘治三年（1490年）锡山华氏会通馆活字印小字本。明无锡华燧会通馆是我国铜活字印书的创制者，此为该馆现存最早铜活字印本。

4.《金石昆虫草木状》27卷，明文俶女士编，明万历间彩绘底稿本。文俶是明代著名画家文徵明的玄孙女。此底稿本有绘图1300余幅，大抵根据明代内府珍藏及文氏家藏本草图摹绘而成，为研究古代我国药材的罕见资料。

5.《经进周昙咏史诗》3卷，唐周昙撰，影抄宋刊本。旧日藏书家特别重视宋元版，遇一孤本，常请名手临写，力求逼肖原书。

6.《注东坡先生诗》存19卷，宋施元之、施宿、顾禧注，宋嘉定六年（1213年）淮东仓司刊本。此本宋刻宋印，且以编年为次，考证亦称详实。清光绪末年书归湘潭袁思亮，后袁宅大火，幸赖家人抢救，仅伤及各册周边。上海图书馆新购翁氏藏本，存32卷，可互补。

7.《此山先生诗集》10卷，元周权撰，元至正间刊本。集中多周氏与当时名流唱和的诗作，写刻精美，为海内外仅存孤本。

8.《唐诗》716卷，清钱谦益、季振宜同编，清初钱、季二氏递辑底稿本。此大抵剪贴明刊诸唐人集，细加校勘而成，每家又各附小传，为研究唐诗的重要文献，清圣祖御定《全唐诗》即承袭于此。

（国家图书馆卢锦堂整理）

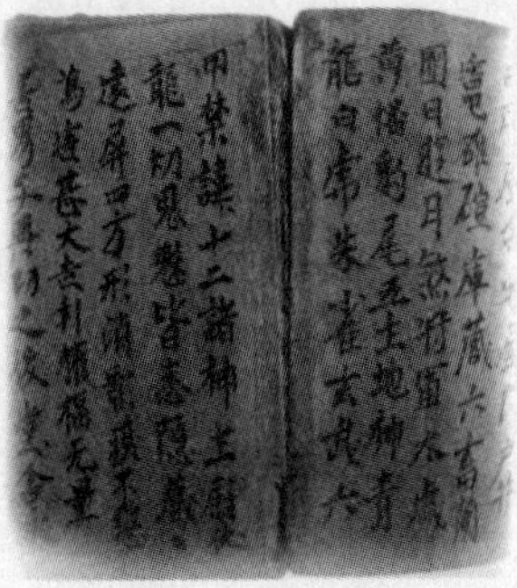

第四章

敦煌遗书：一个深藏千年的大漠传奇

1909年9月4日，北京的六国饭店正在举行一场招待宴会，参加者是在京的学界名人，包括学部侍郎宝熙、京师大学堂总监督刘廷琛、学部参事兼大学堂毛诗教习江瀚等，被招待的客人是从法国远道而来的伯希和。与会者感慨于伯希和的年轻才俊。然而，更让人惊讶的是伯希和在宴会上当场展示了他随身携带的一箱宝物：敦煌写本。百年前藏经洞的意外发现，袒露出千年前文明的真容。从大漠深处到京师馆藏，从遍访世界到缩微出版，敦煌遗书频频灵光闪现。

1909年9月4日，北京的六国饭店正在举行一场招待宴会，参加者是在京的学界名人，包括学部侍郎宝熙、京师大学堂总监督刘廷琛、学部参事兼大学堂毛诗教习江瀚等。被招待的客人是从法国远道而来的伯希和。

与会者感慨于伯希和的年轻才俊。然而，让人惊讶的是伯希和在宴会上当场展示了他随身携带的一箱宝物：敦煌写本。

当时中国的宋版书已很稀少，而伯希和箱子里的东西却是从未见过的六朝隋唐写本。这些后来又被称为敦煌遗书、唐人写经、敦煌文书或卷子的东西震惊了北京学术界！

五天后，也就是1909年9月9日，学部奏请设立京师图书馆，得到允准。这似乎暗示了京师图书馆与来自2500公里之外的那些文书的因缘。

■ 六国饭店遗址（现为华风宾馆）

为京师图书馆的设立摇旗呐喊的罗振玉，那天因病没有出席招待会。不过不久后的中秋节，他在苏州胡同专程拜访了伯希和。从伯希和口中，他得知尚有数千件写本仍在几千里之外的洞窟中。

罗振玉急忙报告学部，说服学部左丞乔树柟，请学部火速发文。这才有学部给陕甘总督的饬令："查明现共存有若干，无论完全残破，统行检齐解部，幸勿遗失散落。"

这批沉睡在沙漠洞窟中长达千年的宝贝，终于开始受到中央政府的重视。

当然，它们不是第一次被关注，在罗振玉和中央政府之前，它已经得到两个外国人的垂青，并作为探险的巨大收获带回国。伯希和带到北京的，只是其中的一小部分。

1878年出生于巴黎的伯希和有着极强的语言天赋。据说他懂13国外语，说一口流利的中国话。1901年，当他受聘为法兰西远东学院教授时，年仅22岁。

1906年，以伯希和为队长的法国中亚探险队进入中国的新疆。在乌鲁木齐，他从一名流放到此的清朝官员口中知道敦煌有一个藏经洞，并亲眼看到那名官员手中的唐人写本。

伯希和知道它的价值。他直奔敦煌而来。此时，他并不知道，他的英国同行斯坦因已经先下手，把一批宝物运走。

和伯希和一样，犹太人斯坦因也是一个语言天才，除德语、英语，他还精通希腊文和拉丁文，后来又学会了梵文和波斯语，在21岁取得了博士学位。他的目标是成为一名探险家和考古学家。

他探险和考古的舞台是亚洲腹地。在英国和印度政府的支持下，他一生进行过四次中亚探险。

1906年4月，比伯希和早两个月，由8人组成的斯坦因考察团进入新疆。在新疆喀什，他聘请了一个中国师爷——湖南人蒋孝琬，作为他的翻译和助手。此人对他今后帮助甚大。

考察团沿古丝路东行，经过和阗、若羌、楼兰，在楼兰遗址挖掘了不少珍贵文物后又继续向东。他的目的地是敦煌。

早在1902年，斯坦因就从他的同乡好友，一名匈牙利地质学家那里，听说过敦煌莫高窟的精美壁画和雕塑。当时，他并不知道，有和这些壁画、雕塑同样宝贵的东西在等着他。

■ 敦煌莫高窟

关于王道士发现藏经洞的过程，有多种说法。一个通行的说法是，1900年，即庚子年夏天，王道士雇人给洞窟清沙。6月22日这天，在清理后来被编号为16窟的洞窟时，发现了墙壁上的裂缝，用手一敲，发出空洞的声音，藏经洞就这样被发现了。

而在王圆箓给慈禧太后的信中，他是这样描述的："忽有天炮响震，忽然山裂一缝"，然后，"吾同工人用锄挖之，欣然闪出佛洞壹所，内藏古经万卷"。

王道士的描述有些神奇，但那些经卷却是实实在在的，而且不止万卷，多达六万余卷。其中除90%的经卷之外，还包括有经史子集、俗文学、文书档案碑铭等在内的多种写本，以及各类绘画艺术品如绢画、纸本画、刺绣、木雕等。

据后来的研究，这些被我们现在统称为敦煌遗书的写本中，最早的年代题记是393年（后凉麟嘉五年），最晚的写于1002年（北宋咸平五年）。也就是说，遗书中文献的时间跨度达600年，到1900年它们被发现时，已沉睡了近一千年。

王道士的信当然得不到回音。1900年的北京正闹庚子之变，远渡重洋而来的外国军队已把北京城闹得天翻地覆。老佛爷自顾不暇，哪顾得上五千里之外的一个洞窟?

一不小心成了历史人物的王道士也许不像有些人认为的那样愚昧无知。据说他先是报告了敦煌县当局，没有引起重视。于是他挑出一些经卷和绢画，送给当地的官绅和士大夫，里面应该包括敦煌县长、进士汪宗翰。可是，无人特别感兴趣。王道士年轻时当兵的上司廷栋，一名当时驻扎在酒泉的满族官员，甚至觉得这些写经的书法水平还不如自己。

当时在兰州担任甘肃学政的叶昌炽，也收到过敦煌县长汪宗翰送来的藏经洞绢画和经卷。

作为金石学家的叶昌炽显然知道这些东西的价值，他后来还因写过相关的文章而被人称为“敦煌研究的第一人”。他建议甘肃藩台把藏经洞中的东西送到省府兰州保存，得到的答复却是，没有经费。

但奇怪的是，他一直没去过敦煌，哪怕到了离敦煌300公里的酒泉；而县长汪宗翰，近在敦煌也没有去过藏经洞。

是什么让他们与敦煌遗书擦肩而过，至今仍是一个谜。事实上，叶昌炽在离开甘肃后的回忆中多次表达自己没有实地考察的后悔之情，并一直关注这些文书的动向。

所以一个常识性的解释或许是，在笼罩着佛国光辉的敦煌，这些经卷、绘画，并不是什么稀罕之物，不会让当地人大惊小怪。

时间到了1907年的春天，斯坦因和他的考察团到达敦煌，来到了鸣沙山。

分布在几乎垂直的砾岩峭壁上的数百奇特的洞窟让这个探险者惊呼不已。

在藏经洞门口，他拍下了今天我们看到的这张洞口摆满经书的照片，并惊叹道：“这是一个能使阿里巴巴和四十大盗共同疯狂的神奇宝窟。”

藏经洞的发现者和看守人王道士，在斯坦因眼中是“一个孤傲的忠于职守的人”。斯坦因说，“从一开始我就感到他是个不好对付的人，用金钱来收买显然是不可能的，这会伤害他的宗教情感”。

不会说中国话的斯坦因最终是如何从王道士手中得到他想要的东西的，有种种描述。一种说法是他狡猾地通过宗教情感这个突破口来打消王道士的戒备心。通过把自己打扮成玄奘——这位从西天取经回来的唐代高僧的信徒，斯坦因赋予自己的“取经”一种冠冕堂皇的理由。

奇特的是，王圆箓本人的身份是一个道士，他却对佛教的和尚十分崇敬。而事实上，作为一个道教徒，他来到这个被称为佛教圣地的莫高窟一直待到死，这本身就是一件奇怪的事。

另一种说法被更多人接受，这就是，斯坦因最终是用金钱收买了王道士。对于这一点，斯坦因本人也不讳言。他后来回忆道：

“我决定放手一搏，我应允蒋师爷可以给王道士一笔款子——四十锭马蹄银，必要时可以翻倍，以换取全部的藏卷。”

也许是斯坦因精神和物质的双管齐下发生了作用，王道士终于带领斯坦因来到藏经洞。

“我睁大了眼睛向阴暗的密室中看去，只是一束束经卷一层层堆在那里，密密麻麻。”

“厚大的卷子用的都是很坚韧的纸，全部保存甚佳，大概同初藏入室时无甚差异。”而那些绢画和佛像，在斯坦因看来“颜色调和，鲜艳如新”。

斯坦因心中紧接着的念头是：“我们没有充足的时间来仔细研究这些文书的年代，我们关注的是能从这里拿走多少经文。”

最终，王道士收下斯坦因的200两银子，让他的考察团把9000多卷文书和500幅佛像绢画装在24个大木箱中带走。这些钱，据斯坦因说，在当时的欧洲只能买一个梵文贝叶写本。

■ 敦煌藏经洞

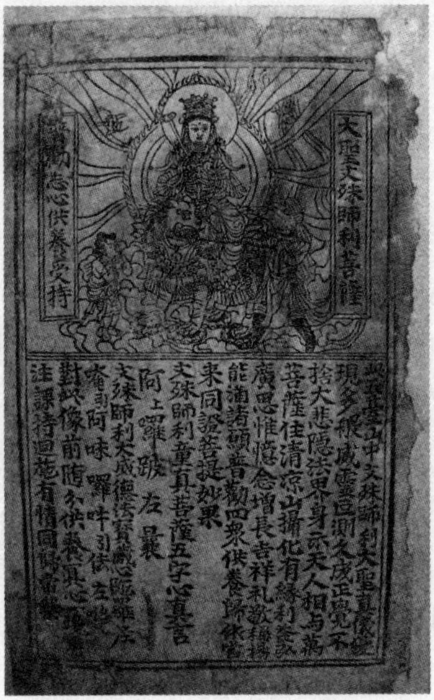

■ 敦煌藏经洞——大圣文殊师利菩萨像

斯坦因走后十个月，伯希和来到敦煌。有斯坦因的铺垫，说一口流利中国话的伯希和很快就让王道士解除了戒心。

伯希和后来回忆他第一次进入藏经洞的情形："自人们从这一藏经洞中淘金八年来，我曾以为该洞中的藏经已大大减少。但当我置身于这个宝库，三侧都布满了一人多高的卷子，您可以想象我的惊讶。"

惊讶之后是抑制不住的狂喜。的确，由于不懂中文，对佛教没有了解又没能亲自入洞挑选，斯坦因给伯希和留下了大量的宝贝。

在王道士的允许下，伯希和蹲坐在洞中三个星期，以每天1000卷的速度将整个洞中的经卷都看了一遍。

这真是身在宝山之中的觅宝。在现在我们看到的一张照片中，昏暗的烛光下，伯希和全神贯注，将翻检过的经卷分成两堆，其中一堆是他认为最有价值、千方百计要带走的。

伯希和最终如愿以偿。1908年5月27日，他用500两银子换取了7000卷藏经洞文物，离开敦煌。

斯坦因带回去的东西在欧洲引起了轰动。他被誉为“发现敦煌的第一人”。

今天，斯坦因在敦煌两次探险的所得保存在大英图书馆和印度事务部图书馆，绘画保存在大英博物馆和新德里国家图书馆。伯希和敦煌之旅的收获则收藏于法国国家图书馆。

伯希和的公开展示震动了北京学术界，也使学部大为不安。学部的饬令一下，押送遗书进京的任务交给了新疆巡抚何彦升。

而经过王道士和伯希和等人的搬弄，经卷已不再整齐，现在则带着泥土被扔在大车上，用草席一捆一扎，上路了。

站立一旁的王道士看上去不知所措，但其实他早料到有这一天。在之前，他已把一些经卷偷送出来，放在另外的地方。

1914年，斯坦因再一次来到敦煌拜会他这个老朋友时，王道士又将私藏的几百卷写本卖给了斯坦因。据斯坦因的回忆，王道士跟他说后悔当初没有接受他的一笔大款子，将经卷全部卖给斯坦因。

而在东行的路上，敦煌遗书的劫难还没有完。

先是沿途士绅、官吏上下其手，参与这或公然、或隐蔽的盗窃。当运载遗书的大车进了北京城后，押送官何彦升并没有让车子驰往学部，而是驶进了自己的家里。

在何家，他的儿子何震彝、亲家李盛铎，以及刘廷琛、方尔谦等人早在恭候。他们把所有的经卷过目了一遍，然后像两年前的伯希和一样，挑出好的留下。

为怕缺数，他们将较长的卷子一撕为二或为三来充数。今天我们在国家图书馆看到的敦煌遗书，除了自然的损毁，触目惊心的是这种人为的撕坏。

从敦煌的启程到经卷的最后移交，这中间有多少遗书再一次遗失，不得而知。

宣统三年（1911年），学部致函京师图书馆：“前据陕甘总督委解敦煌经卷十八箱，业由贵馆派员取运在案。查此项写经，上年曾由陕甘总督送到原样一卷。亦应一并检送收藏。并据原解委员续行呈到写经二十二卷。粘片二本，相应开单片行贵馆查收可也。”

上一次18箱的卷数是8651卷，加上这23卷应为8674卷。这就是分两次送到京师图书馆的敦煌遗书的数目。这个数目，只是整个藏经洞遗书的1/7。

不过，它们总算有了一个家，虽然这个家并非一个理想的栖身之地，而且五年之后，又得再一次搬家。

1912年7月，时任上海商务印书馆编辑的庄俞来到北京，听闻敦煌石窟的唐人写经存放在京师图书馆，亟欲一览。

庄俞来到暂居广化寺的京师图书馆。他一开始就注意到，这个图书馆“屋既不多，卑狭而简陋，空气不足，绝非适宜之藏书地”。

他来到善本珍藏室放置遗书的地方：“正中三间，所谓八千余卷之唐人写经在焉，书架十余，有玻璃门，或者无门，每卷束以带，或束以草绳，一若无足爱惜然。”

参观完后，庄俞感叹：“不意以首都之地，而所谓图书馆者，简陋如是，是谁之咎欤？”

1922年1月，历史学家陈垣以教育次长兼馆长的身份来到京师图书馆。他校阅整理了馆藏敦煌遗书，于1930年编成《敦煌烬余录》，著名学者陈寅恪为书作序。

正是在该序中，陈寅恪第一次提出“敦煌学”的概念。他断言“敦煌学者，今日世界学术之新潮流也”。他说的一句话“敦煌学者，吾国学术之伤心史也”，极大刺激了国人的神经，后来被不断地引用。

1934年，北平图书馆有两位图书馆员同时被派往英法等国。他们的一项重要使命是采访国外敦煌遗书情况。

其中一位叫向达，时任北平图书馆编纂委员会委员和写经组组长。他出生于藏经洞发现的那一年，这可能预先注定了他与敦煌遗书的缘分。

他先来到大英博物馆东方部。里面收藏的是当年斯坦因两次敦煌探险的成果。它们静静地躺在那里，英国人还没来得及给它们整理编目。

在大英博物馆的两年时间，他翻看了500卷左右的卷子，并将其中重要的拍了下来。

接着他来到法国巴黎国家图书馆，这里收藏的是伯希和在敦煌的所得。他把其中珍贵的部分也抄录了下来。

然后是柏林普鲁士科学院，这里有德国人从新疆盗去的壁画和唐人写本。

他的同事王重民则在国外访学14年，拍摄敦煌遗书及其他古籍的缩微照片3万张。

当时的国人正是通过他们的抄写和拍摄，才重睹了这些散失海外的珍藏的真面目。

今天，总数达60000余件的遗书，分散收藏在欧、亚、美洲的各个国家的80多个博物馆、图书馆、文化机构和私人手中。其中英国大英图书馆15000多件，法国国家图书馆16000多件，俄罗斯19000多件。它们与中国的国家图书馆一起被称为四大藏家。中国国家图书馆收藏的敦煌遗书达16000余件，是世界上收藏长度最多的图书馆。2005年，共计150册的《中国国家图书馆藏敦煌遗书》陆续出版，它囊括了国家图书馆的所有馆藏遗书。

著名的敦煌学家姜伯勤先生以诗化的语言表达了其对敦煌遗书及其所代表文明的感受："敦煌的文明史，以缩影的形式显示了一个民族心灵的提升和追寻超越智慧的历程，以一斑而得以窥见一个当时正是处于开花季节的伟大民族的心史。"

北宋著名文学家、书画家苏轼曾称"纸寿千年"，而敦煌遗书发现的时候就已经突破了千年，藏经洞开启至今也已有百年。从中国国家图书馆所藏的敦煌遗书现状来看，其形态与开启之初相比，没有什么显著的变化。可以预期，这批敦煌遗书将在人们精心的保护下，子子孙孙永远留存下去。

敦煌宝藏流亡录

英国——藏卷最多最长者

斯坦因三次中亚考察所获收集品陆续运回英国后，按照资助他中亚之行的印度政府和英国博物馆、印度事务部之间签署的分配方案，文献部分，凡汉文、粟特文、突厥文、回鹘文材料，归英国博物馆保存；凡于阗文、龟兹文、藏文材料，归印度事务部保存；梵文写本，用佉卢文书写者归英国博物馆，用婆罗迷文书写者归印度事务部。其他文物材料如绢画、刺绣、木板画、陶器、木雕、钱币等，在印度德里中亚古博物馆和英国博物馆之间平分。这样，斯坦因收集品中的考古文物材料入藏于英国博物馆的东方古物部，文献材料入藏于东方印本与写本部。1973年，由于英国图书馆东方部与英国博物馆分立，所以原在英国博物馆东方图书与写本部的斯坦因敦煌收集品全部转移到新建的英国图书馆藏书库保管。1957年出版《英国博物馆藏敦煌出土汉文写本注记目录》，不久在日本学者努力下这部分内容全都摄成缩微胶卷公布于世，我国学者刘铭恕据以编成《斯坦因劫经录》，与王重民所编《伯希和劫经录》等合为《敦煌遗书总目索引》一书，于1962年5月出版。藏于印度事务部图书馆的敦煌藏文佛教文献共765卷，已由比利时藏学家瓦雷·普散编入《印度事务部图书馆所藏敦煌出土藏文写卷目录》中，

■ 敦煌遗书

其后还附录日本学者从藏文、于阗文卷子背面著录的汉文内容的目录163号。由于斯坦因最早进入藏经洞直接获得大批卷子，王道士又是把大捆的因而比较完整的卷子最先提出来，所以英藏卷子最多而又最长。

法国——藏卷最精最广者

法国收藏的敦煌文献都是伯希和1908年所得收集品，全部在巴黎的法国国家图书馆东方写本部，有汉文写本3600余号，回鹘文写本300余号，粟特文写本78号，于阗文写本66号，藏文写本2216号，另有梵文写本若干卷和未编号藏文写本900余号。早年法国曾邀请我国著名敦煌学家王重民先生对法藏汉文卷子进行编号，因此王重民先生编有《伯希和劫经录》，收入《敦煌遗书总目索引》一书，于1962年5月出版。由于伯希和精通古汉语和多种其他文字，又有时间在藏经洞中直接挑选，所以法藏卷子内容最精而又最广。

俄国——藏卷最杂最碎者

俄罗斯所藏敦煌文献大抵皆鄂登堡探险所得，今藏俄罗斯科学院东方研究所圣彼得堡分所。然而，俄藏文献虽称“敦煌”，其实成分十分复杂，有许多是出自藏经洞之外的敦煌地区以及黑水城等地，时代也早晚悬殊，因此它们的应用还须细加考定方可；又俄藏卷子因取得时间最晚，所以残片占主体，号数虽多而内容仍无法超越英、法藏卷。现精美图册《俄藏敦煌文献》已由上海古籍出版社陆续出版。由于鄂登堡到莫高窟比较晚，所得又巨细不捐，还与黑水城、吐鲁番所获文书相混杂，所以俄藏卷子最杂最碎。

日本——藏卷最隐最秘者

日本所藏敦煌文献的情况十分复杂，主要分藏在龙谷大学、大谷大学、三井文库、京都国立博物馆、东京书道博物馆、京都藤井氏有邻馆、天理图书馆、大东急纪念文库、奈良唐招提寺、国会图书馆等处，还有一些在私人手上保存，数量难以统计。日本藏卷主要是大谷探险队的收集品与何彦升、李盛铎等人私下卖到日本的原藏品。大谷文书主要藏在龙谷大学、大谷大学，《敦煌遗书总目索引》的《散录》部分据《昭和法宝目录》录有大谷大学藏卷33号、龙谷大学藏卷7号，如今已有《大谷文书集成》图册出版，收入了现存日本的大谷探险队所获敦煌吐鲁番文书；大谷文书的一部分由于当时大谷光瑞转移到中国旅顺收藏，1945年日本战败后归中国所有，现大部分在北京图书馆，一小部分在旅顺博物馆。三井文库是1965年成立的，它在1985年时接受了三井家族的文物捐赠，其中敦煌文献来自北三井家，一些精品原为甘肃巡按使张广建所藏，不知何时贩至日本。据估计日本所藏总数约有1000卷。由于日本藏卷大多藏于私家，而日本法律规定收藏文物者要纳税、要负保护责任，所以日藏卷子最隐最秘。

中国——藏卷最散最乱者

中国所藏的敦煌文献，以北京图书馆藏品为主，其他如甘肃省博物馆、敦煌市博物馆、敦煌研究院、西北师范大学敦煌学研究所、北京大学图书馆、故宫博物院、中国历史博物馆、上海博物馆、上海图书馆、天津市艺术博物馆、辽宁省博物馆、旅顺博物馆、西北大学图书馆、陕西省博物馆、浙江省图书馆、浙江省博物馆、杭州市灵隐寺、重庆市博物馆、台北故宫博物院、台北中央图书馆、香港中文大学文物馆、香港艺术馆等许多省市图书馆、博物馆、大学、寺院及某些私家也都有一定数量的收藏。

北京图书馆藏品大致上分两部分，一部分是1910年由敦煌直接押运而来，1929年入藏北京图书馆时共有9871号。陈垣先生于1931年予以编目名《敦煌劫余录》，用《千字文》各字顺序编号，空出“天地玄黄”的“天”字、“玄”字等作为将来补号之用，其他每一字各编100号，如“地1”号至“地100”号，共

■ 敦煌遗书

8679号（中有缺号，一号裂为二、三截者皆随目注明）。这些早期藏品有的当时不知何故未编入《敦煌劫余录》，而许国霖《敦煌杂录》中作了校录（“殷”字号）。1949年以后，北京图书馆在全国各地又陆续征集到1500卷以上的敦煌文献，大部分编入了《敦煌劫余录续编》。1989年，据说北图新馆落成搬迁时，发现两只箱子的铁锁锈了，打开一看，竟然是近4000号的敦煌写卷，大概是1929年移交北图后未能清理编目的部分。1989年、1990年北图从琉璃厂购入20个敦煌卷子，用“新”字编号，表示是新得的卷子。这些前后所得加起来，北图所藏敦煌文献目前应有15391号。近来江苏古籍出版社开始出版《北京图书馆藏敦煌遗书》，征订单上说预计全书约100巨册，收录15000多卷。如今北京图书馆又用阿拉伯数字对所有馆藏敦煌卷子作了统一编号，所以使用时要经常参考两种编号的对照表才行。由于“新”字号的卷子至今未向国内外公布，所以其中情况难以详知，据悉江苏古籍出版社将陆续出版图版本。台湾所藏敦煌卷子早已由台湾石门出版公司印行，名为《敦煌卷子》，即台湾国立中央图书馆藏卷，又收入《敦煌宝藏》内。国内散见的敦煌文献有：《上海博物馆藏敦煌吐鲁番文献》（收80卷）、《北京大学藏敦煌文献》（收286卷）、《天津艺术博物馆藏敦煌文献》（收350卷）等原卷精美图册目前已由上海古籍出版社出版；此外，还有《甘肃省藏敦煌文献》（约110卷）、《浙江省藏敦煌文献》（约40卷，此种将由浙江教育出版社出版）等。香港藏卷数量不多，尚未印行。

（摘自《劫尘遗珠：敦煌遗书》，黄征等著，甘肃教育出版社1999年版）

叶昌炽：与敦煌遗书擦肩而过

光绪二十八年（1902年），这年正月二十七日叶昌炽受到了光绪帝和慈禧太后的接见，第二天，他接到上谕，被任命为甘肃学政。作为主管科举的教育之官，这是他三次科举应试的结果，这一年，叶昌炽已经54岁。老年得官，大器晚成，叶昌炽感慨万千。

叶昌炽自幼天资聪颖，读书治学刻苦勤奋，平日读书计划性很强，决不允许自己懈怠："单日理经史百家，双日攻帖括，晨临篆楷，夜作抄胥，逢十作时文，逢五作散文。"22岁时，叶昌炽在苏州已经很有文名，与王颂蔚和袁宝璜并称为"苏州三才子"。

因为家境贫寒，他不得不为生计而奔波。但科场不顺，29岁和32岁时两次京试不中，对他造成沉重打击。自光绪二年（1876年）中举后，直到光绪十五年（1889年）才与他的学生江标一起会试同榜及第，40岁才中进士，此后十余年在京城做着不大不小的闲官。有一点却极其明确，那就是无论遇到家庭变故还是科举失败，他都不忘去琉璃厂搜购古籍拓本，堪称"书痴"，连他自己都感叹道："时事如此，家计如此，犹乐此不疲，岂非痴乎！"

阳春三月，西出阳关，叶昌炽踏上了前往甘肃的行程。

他携家眷乘火车离京至保定，从保定步行向甘肃进发，一个多月后，于四月二十七日抵达兰州省城。12天后，他就开始到凉州、张掖、酒泉、高台等府县巡查考试诸生，直到这年的十二月初四才回到家中，工作相当尽职尽责。

在甘肃的几年，叶昌炽经常长途跋涉，不辞艰辛地采访民情。每次出游，沿途所到，都要搜访古碑旧刻，宋元辽金碑刻收获丰厚。1905年，他从裴伯谦处索得赵子固的《落水兰亭真本》，可谓稀世珍宝，上有赵子固、赵孟顺、孙承泽、高士奇、王鸿绪、张照、梁国治、刘墉、董浩、翁方纲、梁章钜等诸名流题识。

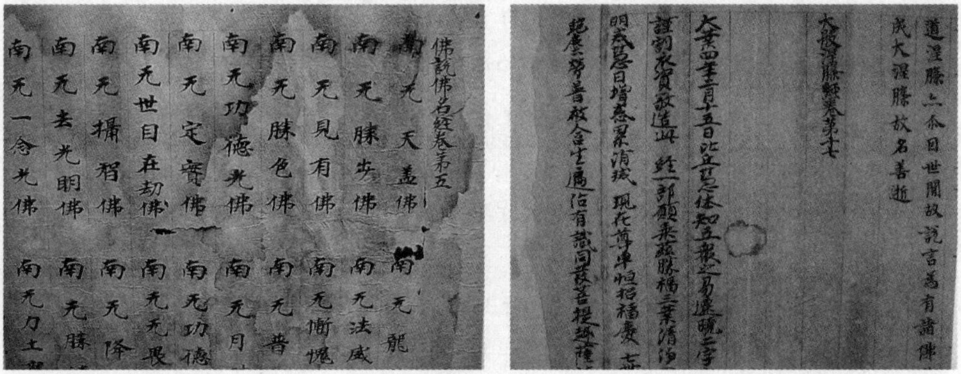

■ 敦煌遗书

叶昌炽来甘肃前，刚完成《语石》一书的初稿，所以他一到兰州便开始收集河陇石刻资料作为补充，敦煌县令汪宗翰成为他寻找资料的重要委托者。

也就是这个时候叶昌炽从汪宗翰那里得到了关于莫高窟藏经洞的消息。作为一名常年收集古籍碑刻的专家，叶昌炽不会意识不到这一发现的重要价值，可是，令人匪夷所思的是，他竟然连前去查看的念头都没动，只是托汪宗翰为《语石》一书代求些敦煌莫高窟藏经洞出土的碑刻资料，并先后得到《大中五年（851年）洪辩告身牒碑》拓片、《宋乾德六年（968年）水月观音像》、绢本《水陆道场图》、《大般涅槃经》四卷、梵文写经31页等；后来也只是向甘肃藩台建议将所有这些古代文献和文物运到省城兰州保存。然而，敦煌离兰州路途遥远，叶昌炽估算这些东西光运费就要五六千两银子，一时经费无处落实，于是就让汪宗翰责令王道士暂将发现的文物和文献放回洞中封存起来，等候处理。汪宗翰在1904年5月执行了这条命令。这些情况叶昌炽在《缘督庐日记》中略有记述。其中1903年12月30日和1904年9月29日的日记中分别记载道：

> 敦煌僻在西荒，深山古刹，宜其尚有孑遗。闻此经出千佛洞石室中，至门熔铁灌之，终古不开，前数年始发而入，中有石几石榻，据上供藏经数百卷，即是物也。当时僧俗皆不知贵重，各人分取……《大中碑》亦自洞中开出。
>
> 汪栗庵来公私两牍。……又宋画绢本《水月观音像》，下有《绘观音菩萨功德记》，行书右行……皆梵文。以上经像栗庵皆得自千佛洞者也。

这两则日记中所说的汪栗庵就是汪宗翰。汪宗翰除喜欢敦煌文物文献，还通报了藏经洞发现的情况，但语焉不详，说明汪宗翰当时还没有弄清楚莫高窟藏经洞的实情，也可能只是听了王道士的谎话，并没有亲自到洞窟检点。叶昌炽更是如此，他也是从敦煌文人王广文手上得到一些敦煌文物和文献的。《缘督庐日记》1904年10月13日总记载道：

收唐写经两卷，画像一幅，皆莫高窟中物也。写经一为《大般若经》之第百一卷，一为《开益经》残帙。画像视粟庵所贻一帧笔法较古，佛像上有贝多罗树，其右上首一行题“南无地藏菩萨”，下侧书“忌日画施”四字，次一行题“五道将军”，有一人兜牟持兵而立者即其像。在一行题“道明和尚”，有僧像在下。其下方有妇人拈花像，旁题一行云：“故大朝大于金玉国天公主李氏供养。”元初碑版多称“大朝”，然不当姓李氏。此仍为唐时物耳，公主当是宗室女，何朝厘降，考新旧《唐书》外夷传或可得。

可惜，叶昌炽仍然没有重视莫高窟藏经洞的情况。1905年，清朝废除科举，叶昌炽的职业生涯也就此完结。1906年，他被撤职回乡。

第二年，身在新疆的英国考古探险家斯坦因来到敦煌，发现藏经洞的风声让他兴奋不已，接下来就发生了世界发现史上重要的一幕，斯坦因代替叶昌炽改变了历史。接踵而来的是伯希和等外国探险家，一批又一批的文物文献通过他们流向世界各地。

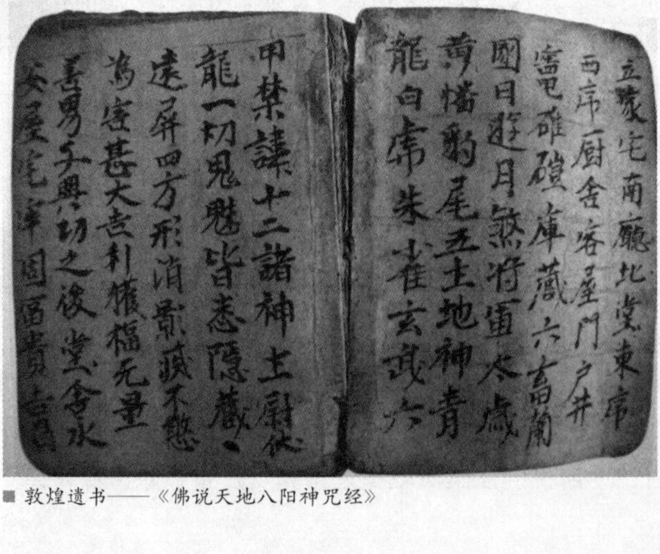

■ 敦煌遗书——《佛说天地八阳神咒经》

叶昌炽回乡四年后，据他在《缘督庐日记》1909年12月28日、1910年1月23日中记载：

午后，张暗如来言，敦煌又新开一石室，唐宋写经画像甚多，为一法人以二百元捆载而去，可惜也！俗吏边氓安知爱古，令人思汪栗庵。

午后，张暗如来，携赠《鸣沙山石室秘录》一册，即敦煌之千佛山莫高窟也。唐宋之间所藏经籍碑版、释典文字，无所不有。其精者大半为法人伯希和所得，置巴黎图书馆，英人亦得其畸零。中国守土之吏，熟视无睹。

然后，叶昌炽发出了仰天长叹——

“鄙人行部至酒泉，未出嘉峪关，相距不过千里，已闻其室发现事，亦得画像两轴、写经五卷，而竟不能罄其宝藏，輶轩奉使之为何！愧疚不暇，而敢责人哉？！”

无论学术素养、眼光，还是千载难逢的历史机缘，叶昌炽都应该是敦煌遗书最适宜的发现者，却最终失之交臂，这是他个人一生的最大遗憾，也是中国百年文物史的最大损失。他终于没有进入历史，终于没有创造历史，敦煌遗书历史也终于没有被改变。

叶昌炽后来每忆及此，总是愤恨不已：“最可惜者，莫如敦煌之莫高窟也。……关外人文朴僿，无能任搜访之役，怅怏而返。海上所写《敦煌石室录》，阅之令人增叹，惜使车之未出关也。”（刘承干《邠州石室录序》）

叶昌炽注定不是一个为历史所铭记的人物，他可能太书生气，太专注于自己的学问。但只是专心著书，这一点竟然也被后人评价为成绩甚至超过了王闿运、王先谦、缪荃孙等人。其中《藏书纪事诗》、《语石》被誉为“两书皆独有千古”。吴郁生评价：“独君之《藏书纪事诗》、《语石》二编，乃二百数十年间无人荟萃之创作。文字一日不灭，此书必永存天壤。”

治中国文化史和藏书史者，几乎无人不知叶昌炽的《藏书纪事诗》，这本书被誉为“书林之掌故，藏书之诗史”。《纪事诗》仿照《南宋杂事诗》和《金源纪事诗》的体裁，以人为目，以诗系事，旁征博引，大量汇集五代北宋以来的书林逸事，实际上是用诗写成的一部藏书史和文献史。而且他眼界开阔，著史观念新颖，笔下的人物并不限于上层的学问家、收藏家，还包括了名不见经传的书商、抄匠、刻工。历史大家陈垣后来感叹道：“叶氏找到了这么多材料，却用诗表示出来，未免减低了价值。”就此也可以看出，叶昌炽更像一个拟古学者，没想到要写出一本中国藏书史。

《语石》则是对传统石刻研究进行了总结，被人誉为“精博详赡，体例完善，实为金石书中空前绝后之作”。他写的《缘督庐日记》，与李慈铭的《越缦堂日记》、翁同龢的《翁文恭公日记》、王闿运的《湘绮楼日记》并称为“晚清四大日记”，可为叶昌炽另一传世名著。

第五章

殷墟甲骨：改写了世界文明史

国图殷墟甲骨专藏库是国家图书馆最鲜为人知的藏室，这里恒温恒湿，神秘莫测。150个拉盖式木盒，木盒盒身选用上好的红木制作，配以红木作框、核桃木作心的盒盖，显得雍容华贵，光彩夺目。里面收藏了28450片甲骨。透过3000多年的时光，这些斑驳的甲骨仿佛在讲述着一个失落王朝的盛衰沉浮。从晚清中药铺到殷墟遗址，从王懿荣到罗振玉、王国维，演绎了20世纪初的一幕幕传奇。

国图殷墟甲骨专藏库

这是一个很少有人进入的藏室，这里恒温恒湿，神秘莫测。里面有150个拉盖式木盒，木盒盒身选用上好的红木制作，并配以红木作框、核桃木作心的盒盖，显得十分雍容华贵，光彩夺目。木盒里面收藏了28450片甲骨，是国内外私藏甲骨中最大藏家之一刘体智的旧藏。这批甲骨是在1953年的夏天售归当时的中央文化部文物局的。1958年又由该局拨交给今天的国家图书馆。它的收藏价值和珍贵程度诚如郭沫若先生所说："刘氏体智所藏甲骨之多且精，殆为海内外之冠。"

■ 殷墟博物苑

王懿荣画像

透过3000多年的时光，这些斑驳的甲骨仿佛在讲述着一个失落王朝的盛衰沉浮。这是人类文明史上不可或缺、辉煌壮美、璀璨绚丽的一页。而这些甲骨文的发现，本身就是一个百年传奇。

清光绪二十五年（1899年）的一个秋天，北京菜市口西鹤年堂中药店像往日一样开门营业。最近一段时期，义和团在河北、京津一带持续闹事，市面很不太平，来抓药的人并不多。这一天的生意却让这家店的老板大赚了一笔：一名顾客两次光顾药店，买走了店内所有的龙骨，最后一次竟然出价每片二两银子。

这一天，在清朝国子监任祭酒的王懿荣心情异常压抑，前些日子他这名中央教育机构的最高长官被朝廷派回家乡举办团练，不善带兵的他空手而归。连续的疲惫奔波让他患上了严重疟疾，于是派人到中药店买回一剂中药。百无聊赖的王懿荣随手搬弄着买回的中药，猛然间，一片龙骨引起了他的好奇，这些龙骨上面刻画着一些神秘的符号。对古代金石文字素有研究的王懿荣仔细端详起来，这不是一般的刻痕，很像某种古代文字，但其形状又从未见过。为了找到更多的龙骨作深入研究，他派人赶到药店，以每片二两银子的高价，把药店所有刻有符号的龙骨全部买下。其后的几天，京城所有的中药店都有他派出的身影，他还迅速联系古董商范维卿等人公开进行搜购，很快，1500多片龙骨堆满了他的书房，这几乎耗尽了他毕生的积蓄。

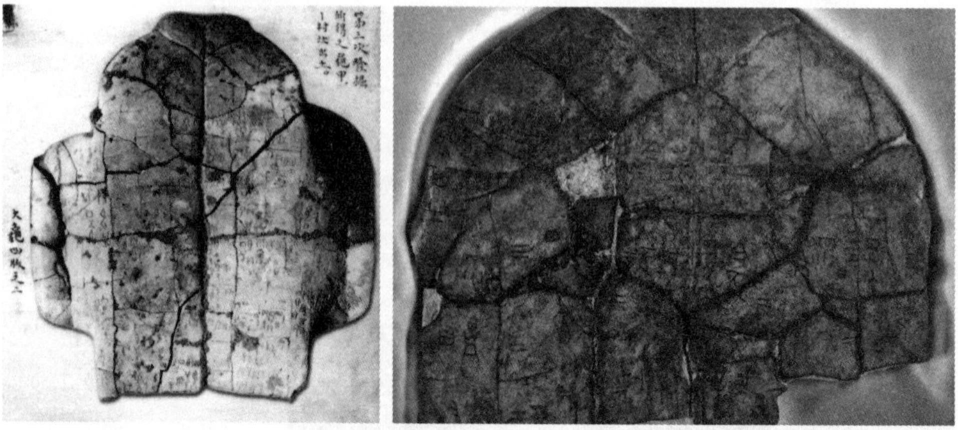

■ 甲骨

王懿荣对这批龙骨进行仔细研究分析后认为，它们并非什么“龙骨”，而是几千年前的龟甲和兽骨。他对西周春秋时的青铜铭文非常熟悉，这些“龙骨”上的文字与金文完全不一样：用笔纤细，多方折而少圆转，肯定是周以前的文字遗存。于是他将《尚书》中记载的“惟殷先人，有典有册”与之联系起来，认为应该是殷商时期的文字，并将甲骨取名“龟版”。从此这些刻有古代文字的甲骨在社会各界引起了轰动，文人学士和古董商人竞相搜求。

1900年7月，八国联军兵临城下，慈禧太后带领皇室人员仓皇出逃。目睹京城到处烧杀抢掠的侵略军，留守的王懿荣彻底绝望了。他对家人说：“吾义不可苟生！”随即写下一首绝命词，毅然服毒坠井而死，这一年他56岁。后来人们称最先发现甲骨文的王懿荣为“甲骨文之父”，在甲骨文发现90周年的1989年秋，人们在他的家乡山东烟台市福山区建成王懿荣纪念馆，以纪念他的功绩。

王懿荣死后，所藏甲骨大部分由其子王翰甫转卖给金石学家刘鹗，一部分赠天津新学书院。刘鹗，字铁云，是《老残游记》的作者，也是王懿荣的好友，曾参与甲骨辨识的工作。他从王懿荣之子王翰甫处买了千余片，并开始四处收买，共计购藏甲骨5000片以上。

1901年，两位江苏淮安的学者，因情趣相投而早年相识的好友各自在上海居住了下来，他们就是刘鹗和罗振玉。罗振玉曾在刘鹗处当过家庭教师，在刘鹗处第一次看见了甲骨文墨本，惊叹这是汉以来古文字大家们所从来没见过的文字，他劝自己的亲家编《铁云藏龟》出版，并亲为作序协助刊行。1903年，刘鹗考证甲骨文是“殷人刀笔文字”，为商代遗物。而罗振玉把甲骨文称为“夏殷之龟”。

罗振玉没有想到，这些甲骨其后也彻底改变了他的一生。罗振玉认为尽量搜集出土的甲骨是当务之急。他在《殷虚书契·序》中说：“宝物之幸存者有尽，又骨甲古脆，文字易灭……不汲汲搜求，则出土之日，即澌灭之期，矧所见未传，考释亦讵可自信，由此观之，则搜求之视考释不尤急欤！”在罗振玉看来，甲骨上的文字所显现的，是几千年来一直隐藏在迷雾中的商周历史。他虽然不是发现甲骨文的第一人，但是凭借过人的智慧和无比的耐心，使人们对甲骨文的解读进入了一个崭新的时代。甲骨，成就了罗振玉。

甲骨文发现的故事，后来被人们称为“一片甲骨惊世界”的奇迹，在中国和世界考古史上写下了带有传奇性的篇章。当全世界因为八国联军入侵北京而密切关注中国的时候，很少有人知道，在这个古老的东方帝国，一批知识分子不顾兵荒马乱，执著地加入了寻找3000多年前古王朝历史的队伍，他们的全部证据竟是一些刻有奇怪文字图案的龟甲片。

从1906年开始，罗振玉个人着手搜集甲骨。他先是通过古董商购买甲骨，直至1908年才访知甲骨文真正出土地为“洹滨之小屯”。而在此之前的八九年时间里，甲骨出土地一直是古董商们守口如瓶的秘密。在确知甲骨的真正出土地点在安阳的小屯后，罗振玉遂于1910年派人前往小屯“瘁力以购之，一岁所获，殆逾万”，1911年又“复命弟子敬振常、妇弟范恒斋兆昌至洹阳采掘之，所得又再倍焉”。1915年他又亲赴安阳小屯实地考察，终于有机会踏上殷墟这块魂牵梦绕的神奇的土地，这是甲骨学者第一次亲临出土地勘察。罗振玉广泛搜集，至1928年已收藏甲骨3万片以上。他收藏的甲骨不仅数量超过了别人，而且还有很多精品。另外，罗振玉搜集甲骨，“与从来古董家的习尚稍有区别，他不仅搜集有字的骨片，而且还注意搜集与骨片同时出土的各种器物”。

经过潜心研究，罗振玉根据对甲骨贞卜文字的解读，更进一步确指小屯即是商王武乙至帝乙执政期间的都城，证实了这些甲骨的出土地小屯就是《史记》中所说的“洹水南，殷墟上”的殷墟所在地。

这是一个举世震惊的考古发现，一个失落已久的王朝终于出现在人们面前。

公元前1300多年前，商朝第10代王盘庚带领他的臣民从今山东曲阜附近的一个叫“奄”的地方，西渡黄河，经过一次和平的迁徙，来到安阳洹水河畔，建立了崭新的都城。

这是一个曾经存在而又消失了的古老王朝。商代晚期已经形成了比较系统的文字，但属演化阶段，80%都是象形图画。它们绝不仅仅是商王求神问卜的文字，而是一个伟大国家的档案。商有北到辽宁、南到珠江流域、西起陕西、东至大海的疆域，是3000年前地球上最为广阔的国家。在甲骨文中，人们甚至可以分辨出商朝上百种手工业的分工及那个时代的普通琐事，揭示古文字的内涵和远古时代的信息。

对甲骨文的研究使传说中上三朝的第二个王朝——商终于成为了信史，中国有文字可考的历史又向前提早了1000年。甲骨文，已经清晰地摆在世人的面前，尽管还有很多的未知有待去发现。

在20世纪初期，与罗振玉同时着手研究甲骨文的还有一个人，他就是近代中国学术界的一代宗师王国维。1911年王国维与罗振玉一起东渡日本，受罗振玉影响后转攻经学、史学。1914年，他帮助罗振玉整理和校订《殷虚书契考释》，从此对甲骨文产生了浓厚的兴趣。罗振玉与王国维完全被甲骨文中的世界吸引了。1914年，罗振玉谢绝一切宾客，足不出户40多天，写成了《殷虚书契考释》一书，考定帝王22个，先妣14个，人名78个，地名193个，文字485个。从此，商王

■ 王国维

朝的秘密开始呈现在世人面前。

一位甲骨学专家这样描述了甲骨文诞生的过程：武丁是商朝后期的一位帝王。他在位第11年的一天，忽然牙疼，颚骨从夜晚一直疼到清晨。他怀疑这是死去的父王作祟，因此决定占卜真相。在夯筑的祭坛上，平放着5块龟腹甲。腹甲的正面，打磨得光洁圆润，像玉石一样，反面却坑坑洼洼，是钻凿出来的孔。一个占卜者手持一条烧红的火棍，刺入龟甲上的一个孔，口中叫道："牙疼不是父王所致！"助手在旁边挥扇不止，使火棍保持高温，以持续灼烤龟甲。忽然"啪"的一声，最沉默的动物——乌龟发言了：一个"卜"形兆纹显现在龟腹甲上。就这样，卜者将火棍不断刺入孔洞，使它呈兆，直到将5块龟腹甲上所有的孔洞灼完。最后，卜者指着其中的几条卜兆说："吉！"一直焦急等待占卜结果的武丁王这才感到了解脱：很好，父王与他的牙疼无关！他高兴地让人把这一结果刻在龟骨上。

清帝逊位后，备受打击的罗振玉与王国维几乎把全部的心思都用在了甲骨研究上。1924年，末代皇帝溥仪被驱逐出紫禁城，其后转移天津，流落长春，在日本侵略者的挟持下，成立伪满洲国。罗振玉追随逊帝溥仪，成为伪满洲国的重要人物。

这是一个多事之秋，1927年夏天，一位学界泰斗的离去在北京文化界引起轩然大波。他就是王国维。

1927年6月2日上午8时，王国维一如既往地赴清华研究院上班，与有关人员谈论下学期招生事项。他雇一洋车前往颐和园，在石舫和鱼藻轩等处吸烟徘徊，然后自投于水。据说，王国维投水后不过一两分钟，即被附近园丁救起，救起时内衣还未浸透，但由于湖中淤泥甚厚，园丁又不知急救，因此窒息而死。死时约在上午10至11时之间。

遗书的发现是在第二天下午4时。当时"天气渐热，阴云密布，雷声频作"，学生们在遗体旁守候了3个小时检察官才到。遗书被发现于内衣袋中。

这是一份布满昆明湖水渍的绝笔，16开白纸写成，用墨良好，因此字迹依然清晰，遗书原件珍藏在国家图书馆善本地库。

凡研究王国维之死者，无不提及他的遗书。遗书全文120字，其中"五十之年，只欠一死，经此世变，义无再辱"的语句，曾牵动当时及后世众多学者的情思，纷纷撰文阐述己见，至今"聚讼纷纭，莫衷一是"。陈寅恪在挽王国维的碑

■ 王国维纪念碑

文里说："凡一种文化值衰落之时，为此文化所化之人，必感痛苦，其表现此文化之程序愈宏则其所受苦痛亦愈甚。"这句话也成了那时候文化人一生的写照。

1921年王国维自编并出版了他的代表作《观堂集林》。这部书稿的一部分，目前保存在国家图书馆的名家手稿文库中，一起保存在这个文库的还有王国维与罗振玉往来的书信。

王国维的死因研究牵涉到中国近代政治、社会、文化的方方面面，近年有人这样说："王国维是一种文化人格的代表。"他的自沉而死，如同他的遗书一样，充满了中国文化的玄奥，令人思之不尽。这也从一个侧面反映了当时社会的动荡，使已经小有成绩的甲骨研究戛然而止。

1928年，一个30岁出头的年轻人，进入国民政府中央研究院历史语言研究所当了一名通讯员。他就是王国维的学生董作宾。这个6岁入私塾、家境贫寒的年轻人受王国维的影响，对甲骨文兴趣浓厚。

甲骨文的发现，在中外学术界引起很大震惊，但始终没能引起内忧外患的清政府的重视。而贪图厚利的古董商们四处搜罗，贩卖甲骨，从而导致了小屯附近几近疯狂的大规模挖掘甲骨的行动。1899年至1928年春，小屯村民有9次较大规模的挖掘。这种私挖乱掘甲骨的行为，一直持续到1928年中央研究院开始对殷墟展开科学发掘，才有所收敛。徜徉在小屯的街头巷尾、田间地头，实在难以想象史料记载的当年大规模私挖乱掘甲骨的“火爆”场面。

这年8月，董作宾受中央研究院史语所之命前往河南，对殷墟遗址做实地调查，得到了殷墟现状的第一手资料。随后，董作宾回到北京汇报了在安阳的考察情况，几天后带着500银元发掘费再次来到安阳。

至此，中国文物考古史上首次对殷墟的科学发掘拉开了序幕。资料记载，从1928年至1937年，殷墟科学发掘一共进行了15次，时间跨度长达10年。这使世人对洹水河畔的殷商文明有了新的认识。借助考古学家之手，盛极一时的殷商文明在一片片龟甲、牛骨上被再现，并由此诞生了一种世界性的显学——甲骨学。罗振玉、王国维、董作宾、郭沫若被学术界并尊称为“甲骨四堂”。

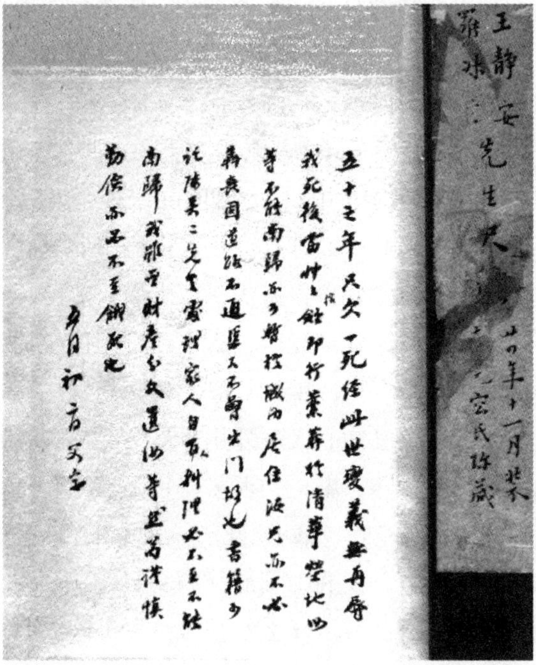
五十之年只欠一死经此世变义无再辱
我死后当草草棺敛即行藁葬于清华茔地汝
等不能南归亦可暂于城内居住汝兄亦不必
奔丧因道路不通渠又不曾出门故也书籍可
托陈吴二先生处理家人自有料理必不至不能
南归我虽无财产分文遗汝等然苟谨慎
勤俭亦必不至饿死
五月初二日父字

■ 王国维遗书

1936年6月12日，在小屯村北宫殿区发掘出一个甲骨坑，保存着带字甲骨17096片，记录了商王武丁时期的许多活动。看来这是武丁王室的甲骨文档案库，这批甲骨片的出土，对考证武丁时期的社会政治、文化、生活有极宝贵的价值。发掘时在坑中还发现一个身体蜷曲、侧卧的尸骨，其身躯大部分压在甲骨上，专家认为可能是档案库的看守人。

殷墟甲骨的大量出土反映了商代占卜风之盛。王室贵族上自国家大事，下至私人生活，如祭祀、气候、收成、征伐、田猎、病患、生育、出门，等等，无不求神问卜，以得知吉凶祸福决定行止。于是，占卜成了国家政治生活中的一件大事，朝廷设置了专门的机构和卜官。有刻辞的甲骨，都作为国家档案保存起来，堆存在窖穴之中。因此甲骨上的卜辞成为研究商代历史的第一手材料，它反映了从公元前1300年到公元前1000年的社会生活的各个方面。

考古学家经过持续百年的调查、发掘，大体弄清了殷墟的范围和布局。位于安阳市区西北郊的殷墟，它以小屯村为中心，东西约6公里，南北约5公里，总面积30平方公里左右。洹河南岸的小屯村一带是殷王居住的宫殿区，发掘出宫殿基址数十座，最大的一座面积5000平方米。洹河北部是殷王陵区，先后发掘出十几座大墓、一千多座小墓以及大批祭祀坑。考古学家还在宫殿附近发现了两座甲骨文档案库和铸铜、制玉、制骨、烧陶等手工业作坊遗址。殷墟发掘延续时间之长、规模之大、收获之丰，是中国考古史上罕见的。

为了纪念殷墟考古的伟大发现，1987年秋，安阳市在宫殿遗址区东北面修建了一座殷墟博物苑，复原和再现了3000年前殷王宫和一些建筑的风貌。

1976年春，在宫殿区附近，小屯村北偏西100米处，发掘出中国历史上第一个女将军妇好的墓。甲骨文记载，妇好是商王武丁的王后。有一年夏天，北方边境发生战争，双方相持不下，妇好自告奋勇，要求率兵前往，武丁犹豫不决，占卜后才决定派妇好起兵，结果大胜。此后，武丁让她担任统帅，从此，她东征西讨，打败了周围20多个小国。有一片甲骨卜辞上说，妇好在征战羌方时，统帅了13万人的庞大队伍，这是迄今已知商代对外用兵最多的一次。妇好墓是殷墟发掘的唯一保存完整的殷代王室墓葬，出土的很多器物上都刻有铭文，是唯一能与甲骨文、历史文献相印证，从而能确定墓主身份、年代的商代王室墓葬。

在国际上被承认的、没有争议的中国最早的文明就是商代。殷墟不是一座简单的建筑物，它是一座都城。都城是什么？都城是一个国家的政治中心、经济中心、军事中心和文化礼仪中心。它是一个王国的缩影，是其他任何遗产无法比拟的。这就是殷墟之于中华文明乃至人类文明的独特贡献和独特地位。甲骨文照亮皇皇中华，如果说钻木取火标志着人类告别了茹毛饮血的野蛮岁月，那么文字的出现则意味着人类走出了结绳记事的洪荒年代。甲骨文的发现，是照亮中华文明的一盏明灯。

殷墟以独具风格、规模巨大、规划严饬的宫殿建筑和商王陵墓体现出恢弘的都城气派而卓绝一时，以制作精美、纹饰细腻、应用广泛的青铜器而闻名中外，以青铜冶铸、玉器制作、制车、制骨、陶器、原始瓷器烧造等高度发达的手工业而享誉世界，以造字方法成熟、表现内容丰富、传承有序的甲骨文而在世界文明史上独领风骚。

在社会科学领域，甲骨文与敦煌写经、汉晋简牍、内阁大库档案一起并称“中国近代四大发现”。而中国国家图书馆是其中三大发现的最大收藏者。从1899年甲骨文首次发现到现在，据统计，共计出土甲骨154600多片，其中大陆收藏97600多片，台湾收藏30200多片，香港收藏89片，总计我国共收藏127900多片。此外，日本、加拿大、英、美等国家共收藏了26700多片。到目前为止，这些甲骨上刻有的单字约 4500个，迄今已释读出的字约有2000个左右。

国家图书馆甲骨珍藏约占目前全国发现甲骨总数的1/4，总计35651片，全部为国家一级藏品。来源有罗伯昭、孟定生、罗振玉、郭若愚、胡厚宣、刘体智等私人的旧藏，也有“庆云堂”、“尊古斋”、“粹雅堂”等古董店铺的旧藏。

这些馆藏除其中8000多片被《甲骨文合集》发表外，其余均为从未面世的原始资料。

馆藏甲骨自20世纪50年代入馆珍藏以来，整理工作就没有停止过。甲骨传拓工作已于2005年底完成。

甲骨文不仅仅是一个文明的符号、文化的标志，它还印证了包括《史记》在内的一系列文献的真实，把有记载的中华文明史向前推进了近5个世纪。作为一个民族文明的载体，中国的甲骨文和古埃及纸草文字、巴比伦泥版文字和美洲印第安人的玛雅文字并称世界四大古文字。唯有以殷墟甲骨文为代表的中国古汉字体系，历经数千年的演变而承续至今，书写出了一部博大精深的中华文明史。

李盛铎：近代藏书奇人

1917年，一个阳光灿烂的春天，一次偶然的机会李盛铎购得一卷《大定新编便览》，这是世间极为罕见的古籍，近代众多藏书家的藏书目录中对它都没有著录过。此后的日子，李盛铎一直苦心孤诣地四处搜寻其他残卷。功夫不负有心人，8年后，当觅到该书散失部分的踪迹时，他长途奔袭多个城市，最后终于在北京高价购得此书。多年的夙愿终于变成现实，他不胜狂喜，欣然题跋："延津剑合，何其幸也！"

他出身于书香门第，世传藏书家风，四代藏书近10万卷，藏室"木犀轩"更是名动天下；他曾被世人称为"近代四大收藏家之一"；他对所藏善本逐一校订，考证著者生平，记叙得书经过，介绍版本价值，编撰了《木犀轩收藏旧本书目》、《木犀轩藏书目录》等10余种藏书目录。

他就是李盛铎，字椒微，号木斋，1858年生于江西九江。自幼聪颖，勤奋好学，5岁读四书做诗文，11岁读《说文》、《经典释文》及《四库全书总目提要》，17岁时即在江西文坛崭露头角。1879年乡试中举，1889年会试中甲进士，历任翰林院编修、国史院协修、京师大学堂总办、江南道监察御史、驻日本使馆公使等职。光绪三十一年（1905年），清廷派遣亲贵载泽、戴鸿慈、李盛铎、徐世昌等五大臣分赴东洋西洋各国考察政治，以为立宪之预备。次年六月诸考察政治大臣先后回国，奏请朝廷宣布立宪。

辛亥革命爆发，袁世凯任大总统，李盛铎被聘为大总统顾问，并先后担任了参政院参政、国政商榷会会长等职。1920年他退隐津门，居住在今和平区锦州道兆丰路兆丰里的一所小洋楼内，从此不问政事，唯往来于京津书肆，一心收集古籍。

李盛铎藏书始于曾祖父李恕。自幼受家庭熏陶，耳濡目染，李盛铎于是继承祖业，12岁开始购书，并抄书、校书多部。出使日本期间，结识日本目录学家岛田翰，在他的帮助下购买了大量日本、朝鲜的古刻本、旧抄本和一些中国流散到日本的宋元刊本。晚年寓津后，他的收藏事业步入黄金时期，宁波范氏、商丘宋氏、意园盛氏、长沙袁氏等众多私家藏书，均被他收藏。木犀轩藏书从此名震全国。

19世纪末20世纪初，清王朝风雨飘摇、摇摇欲坠，大内档案库房由于年久失修而两次出现库墙坍塌事件。1909年，为整修内阁大库，朝廷决定将所存大批档案移出库房全部焚毁。学部参事罗振玉奉派赴大库检取有关书籍，从中发现以满、蒙文字详细记载辽、金、元、明四代历史的珍贵史料，内容涉及“边务战事”的明代题本稿、清初开国要略、清代诸位皇帝的朱批奏折以及与朝鲜、日本等国的外交档案等。学术造诣颇深的罗振玉马上意识到这批档案具有极高的历史价值和学术价值，随即上奏朝廷请求撤销焚毁令予以妥善保管，清廷准奏后交由学部代为管理。

北洋政府成立后，这批档案改由教育部接管。1916年，教育部决定成立历史博物馆，将其中较为完整的档案挑选出来放置故宫午门楼上，剩余档案装入麻袋堆放在端门门洞之中。1921年，教育部、历史博物馆以经济拮据、经费紧张为由，将存放于故宫端门门洞内的大部分档案（约15万斤），装了8000麻袋，作为造纸原料，以4000银元的出售价卖给北京西单同懋增造纸店。翌年2月，当得知该纸店正在陆续出售这批档案时，罗振玉极为震惊，遂以原售价的3倍将其买回，运抵天津。

“八千麻袋事件”的发生，在社会上引起轩然大波，一时舆论鼎沸，北洋政府也一度成了千夫所指、众矢之的。据说，当时政府也曾想从罗振玉手中购回这批档案，清史馆也意欲收藏，但都遭到了罗振玉的严词拒绝。1924年，罗振玉将大部分档案以1.6万银元转卖给了李盛铎。李盛铎经过近一年的挑选，精选出部分珍贵史料收入木犀轩，将6万件档案献给了末代皇帝溥仪。其余部分则因其没有财力和精力整理而以1.8万银元转卖给中央研究院历史研究所。这批珍贵史料遂成为木犀轩收藏的重要组成部分。

李盛铎耗尽毕生心血，矢志不渝地收藏古籍。在李盛铎数十年如一日的不懈努力下，散失多年的珍本、孤本也被他大海捞针般地收入藏室。至20世纪30年代，他的藏书已达9000余部58000余册，其中宋元古本约300部，明刊本2000余部，抄本及手稿本2000余部。《太平圣惠方》、《医说》、《杨氏家藏方》、《永类吟方》、《孙真人急备千金方》等古代医学书籍均为我国罕见之本。

由于精鉴赏、富收藏的昭然成就，他与叶恭绰、罗振玉、傅增湘等共称“中国近代四大收藏家”，近代藏书家伦明称之为“吾国今日唯一大藏书家”。近代诗人黄秋岳（即黄濬）曾在民国著名笔记《花随人圣庵摭忆》一书中也给予李盛铎很高评价：“近日藏书，世称傅元叔丈（即傅增湘）之藏园，然以予所知，尚未逮李木斋先生之精。”

李盛铎定居天津后，经常出入京津书肆，广交全国收藏界朋友，陶湘、周叔弢等近代藏书家都是他的座上客，时常向其求教。袁世凯的二儿子袁克文热衷收藏文物，金石、甲骨、古泉、古籍、邮票等均为他所爱，在很短的时间里就收得宋版书200余部。但他却博而不专，在广收博进的过程中难免会购得劣品、赝品，为收购真品、珍品，他特拜李盛铎为师，每次收购古籍时总要请李盛铎“掌眼”。从李盛铎为袁克文的藏书撰写的13篇题记中，也可略见他们师生友谊之一斑。

李盛铎是藏书家，也是校勘家、版本家、目录学家。他对所藏善本，皆逐一批订，或考证著者平生，或品译著述旨趣，或叙述得书经过、收藏源流及版本价值。

李盛铎晚境艰难，自1935年开始，木犀轩藏书陆续散出，或转让他人，或抵押于银行。1937年80岁的李盛铎因病去世，外国人与其后人联系，企图以重金收购木犀轩收藏。为防国宝外流，当时北平图书馆馆长袁同礼曾邀傅增湘、胡适赴天津与李家洽谈，计划以30万元收购，但因与李家开出的60万元差距较大，再加上抗战爆发而搁浅，后交北大图书馆收藏。

据记载，美国哈佛大学曾以6万元收得部分李氏遗书（见《四川图书馆学报》1980年第2期）。李氏所藏敦煌残卷一直被认为是国内最精者。李氏藏卷有200余卷由其女售归前中央图书馆，现藏台北中央图书馆。其余被日本人以8万日金购去，流诸东瀛。

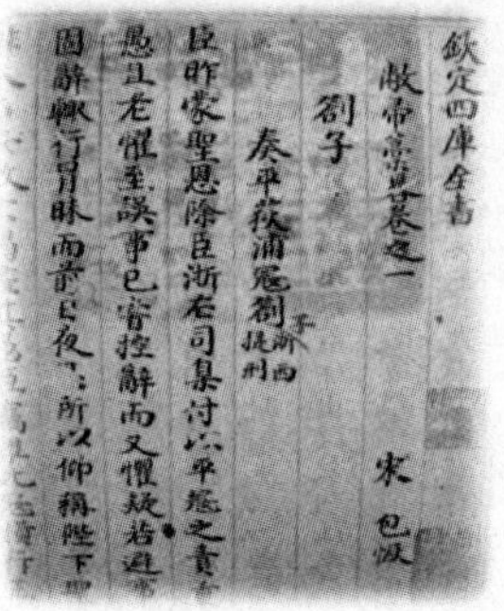
欽定四庫全書
敝帚稿略卷之一　宋 包恢
劄子
奏平荻浦寇劄子 浙西提刑

第六章

《四库全书》：盛世经典 风华镇馆

1772年农历正月初四，大年已过，鞭炮的残响还不时回荡在紫禁城的上空。这天，乾隆皇帝再次下诏，搜集民间藏书，编纂《四库全书》。这是他继1741年、1750年之后，颁下的第三道谕旨。这距明成祖朱棣敕令编纂《永乐大典》过去了整整370年。这一年，乾隆皇帝63岁。作为国家图书馆的镇馆之宝，它承载着一朝帝王的光荣与梦想，也曾历经数百年的战火与劫掠，盛世经典，风华绝代。

北京广化寺

1914年1月6日，是个清冷的早晨，昨夜的一场大雪让京城显得分外洁白清静。这天鲁迅起得特别早，前一天他接到教育部的指令，要执行一项重要的公务，迎接来自热河文津阁的国宝图书《四库全书》。靴子踏在积雪上发出咯吱咯吱的响声，鲁迅在冬日的清晨等了几个小时，可是左等右等，热望中的宝藏就是不见踪影。

在这一天的日记中，鲁迅写道："晨，教育部役人来云，热河文津阁图书已至京，促赴部，议暂储大学校，遂往大学校，待之不至。询以德律风（电话），则云已为内务部员运至文华殿，遂回部。"

■ 国图《四库全书》藏书库

一年前，在为京师图书馆奔忙的人中，多了一位我们都熟悉的身影，他就是鲁迅。

这年的二月，江瀚调任他职，馆长由教育部社会教育司司长夏曾佑兼任，实际的管理之责则落到了时任教育部佥事、社会教育司第一科科长的鲁迅身上。

查鲁迅日记，这一时期“图书馆”一词频频出现在他简洁的日记中：

1913年2月17日，与教育部佥事沈彭年赴馆与即将离任的江瀚商量交接事宜；

3月6日，俩人到夏曾佑家汇报工作，次日，赴馆交代工作。

在鲁迅参与斡旋和操办的事务中，筹设京师图书馆分馆是重中之重。

开办分馆是江瀚在任时提出的主张。他在给教育部的开馆报告中说：“现设之京师图书馆实属研究图书馆之范围，只足资学问家之便益。”他建议“于正阳、宣武二门适中之地，设一分馆，略仿欧美通俗图书馆之制，除将馆内学者必须浏览之书分别择置外，再行添购各项杂志及新出图籍，既以引起国民读书之爱感，并藉副大部振兴社会教育之至意”。

显然，作为馆长的江瀚清楚认识到近代图书馆公共教育的价值和作用，而这恰是刚开办的京师图书馆的不足之处。

而这，也是鲁迅的心愿。这一时期鲁迅的日记中多次记载了参与分馆筹办事宜：

1913年4月1日，与夏曾佑、齐寿山、戴克让等人赴宣武门外前青厂查看民房租赁情况；

4月15日，5月16日，5月23日，5月29日，又多次到图书馆和分馆视察和指导；

6月5日，午后赴夏司长家，商量图书分馆事。

宣武门外前青厂

1913年6月，京师图书馆分馆在宣武门外前青厂试行开馆、接待读者，同年8月举行了开馆典礼。

而就在两个多月后，即1913年10月29日，教育部下令京师图书馆闭馆，另觅馆址，改组扩充。原因是广化寺馆舍狭隘潮湿，不宜储存图书，地址偏僻不便阅览，读者寥寥。

刚刚开办的京师图书馆再行停顿。这一停就是3年多。

承德山庄

1913年6月27日，教育部致函热河都统，拟派员领取文津阁《四库全书》，存放京师图书馆。而两个月后，因为广化寺京师图书馆舍狭隘潮湿，不宜储存图书，教育部下令京师图书馆闭馆，另觅馆址。

热河的姜都统对这些并不知情，他不等教育部人来，就直接派人把36000余册《四库全书》押送入京。教育部则是得到国务院的通知后，才知道《四库全书》已经上路了。

当鲁迅在红楼焦急等待的时候，《四库全书》已经被内务部迎进了紫禁城的文华殿。

从热河行宫到紫禁城，这部大书走过了140年。

北京紫禁城

1772年农历正月初四，大年已过，鞭炮的残响还不时回响在紫禁城的上空。这天，乾隆皇帝再次下诏，搜集民间藏书，编纂《四库全书》。这是他于1741年、1750年之后，颁下的第三道谕旨。这距明成祖朱棣敕令编纂《永乐大典》过去了整整370年。这一年，乾隆皇帝63岁。

乾隆三十八年（1773年）二月，乾隆皇帝以极大的热情下令《四库全书》开馆。他提出了使古今图书荟萃无遗的庞大计划。开馆要对古代学术文化进行一次全面的清理和总结，并提出丛书要按“经、史、子、集”编目。

乾隆说：“近允廷臣所议，以翰林院旧藏《永乐大典》，详加别择校勘，其世不经见之书，多至三四百种，将择其醇备者付梓流传，余亦录存汇辑，与各省所采及武英殿所有官刻诸书，统按经、史、子、集编定目录，命为四库全书。俾古今图籍，荟萃无遗，永昭艺林盛轨。”

这无疑是一个雄心勃勃的工程。而乾隆对此早有准备。

先是在这年的二月成立了“四库全书馆”，在更早的时候，就已多次告示

■ 乾隆画像

全国各地搜访书籍。“然古今来著作之手，无虑数千百家，或逸在名山，未登柱史，正宜及时采集，汇送京师，以彰稽古右文之盛”。

在四库全书馆中，先后有3位皇子、7位尚书、17位侍郎和其他众多官员，以及当时一些一流的学者如纪昀、戴震、翁方纲、姚鼐、王念孙等360多人共同参与。抄写人员则从举人和贡监生中选拔，初期是400余人，后来增加到600余人。总负责的是16位正总裁、14位副总裁。总裁下面是总阅官、总纂官、总校官、总目协勘官、翰林院提调官和武英殿提调官等职务。

北京琉璃厂

北京琉璃厂这条老街，始建于什么年代，准确的时间已经无从可考。它的鼎盛时期，距今已有300多年的历史了。这条宽不过两丈、长不过几里的古巷，近百家店经营着金石篆刻、笔墨纸砚、珍玩古籍。高密集的文化珍品的经营，悠久的历史，使这条街成为国内外一条中华文化特色鲜明的老街。

《清史稿·高宗本纪四》记载，由于北京开设了四库馆，书贾们借此千载难逢的良机涌入京城。他们在琉璃厂设店开肆，图书交易非常活跃。

《琉璃厂小志》里面有这样一段文字记载，说参加编纂《四库全书》的编修官们“……午后归宿，各以其所校阅某书应考某典，详列书目，至琉璃厂书肆访之。是时，江浙书贾奔辏辇下。书坊以五柳居、文粹堂为最”。

从《琉璃厂书肆记》中记载的那位博闻强记的老韦，到《琉璃厂小志》中记载的盛景，不难想象，在清初特定的政治因素、文化因素的勾勒下，渐成风景的琉璃厂是怎样一番景象。

然而，1774年，就在全国规模的征书活动基本结束的时候，乾隆皇帝向各省督抚发出了禁书的命令，由此开始了长达19年的全面禁书运动。

禁书和编书都卓见成效。有学者统计，长达19年的禁书，使得共3100多种150000多部书被毁，连带销毁书板80000块以上。仅1774年至1778年间，乾隆就发布了24次禁书令，焚毁图书13862部。

作为这样一项庞大的文化政治工程的总设计师，乾隆可谓亲力亲为，尽职尽责，有始有终。在这个工程中，最花费时间、人力和物力的是抄写和校订工作。但更有创造性的工作是之前的审定、校勘和编写提要。

审定就是对书籍能否编入的把关。纂修官们把所有的书籍分为三类：应刊、应抄和应删。所谓“应删”之作就是那些平庸之作和“违碍悖逆”之作，这部分书的处理最后由皇帝定夺。

校勘包括版本鉴别和辨伪、考证、找出错别字和阙漏之处。提要概述作者背景，记载版本源流，撮举典籍要旨，考订文字得失。

这是中国历史上规模最大的书籍校勘工程，等于把收藏于中国各地的主要典籍都校勘了一遍，由此形成了它的一个副产品《四库全书总目提要》。它被张之洞等人称为“读群书之门径”。

乾隆四十六年（1781年）十二月，第一部《四库全书》抄写完成。在后来的三年里，第二、三、四部相继抄写完毕。到乾隆五十五年（1790年），第五、六、七部抄写完成。前后长达18年。

包括底本在内的八部《四库全书》，每部页数约为229万，八部加起来就是290400册，2000万页。前后聘用的抄写人员达2800多名，后期光参与校订的人数

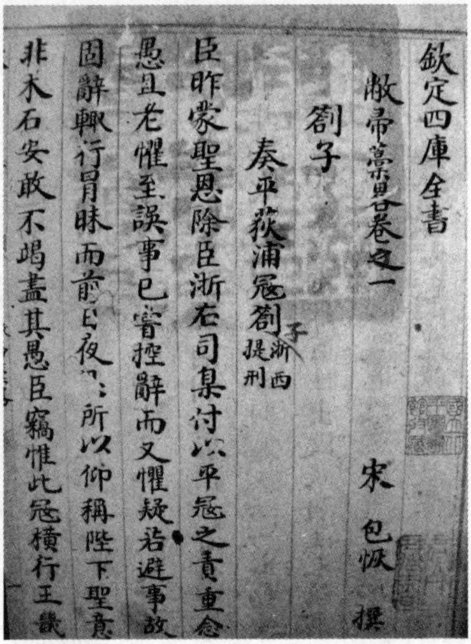
欽定四庫全書
敝帚藁畧卷之一　　宋　包恢　撰
劄子
奏平荻浦寇劄子 浙西提刑
臣昨蒙聖恩除臣浙右司臬付以平寇之責重念
愚且老懼至誤事已嘗控辭而又懼疑若避事故
固辭輙行冐昧而前日夜〻〻所以仰稱陛下聖意
非木石安敢不竭盡其愚臣竊惟此寇横行王畿

《四库全书》

就达200人。总共参与人员4000多人。

今天习惯了敲击键盘的人们可能难以想象长达十几年的，一笔一画抄写的情形。

就如征书时的恩威并重，抄写工作也是赏罚分明。

按照每人每天抄写一千字，全年抄写三十三万字核算，朝廷规定，5年期满，“缮字二百万者，列为一等，一百六十五万者，列为二等”，按等级分别授予州同、州判、县丞、主簿等四项官职。

而处罚措施之一是：“有字画不甚端楷者，记过一次，罚写字一万。”这一万就是十天的工作量，由不得抄写者不小心。

据统计，共有1700多人得到嘉奖，225人受到记过处分。

一部涵括先秦至清前期2000多年重要典籍，收书3461种，36275册的皇皇巨著，保存首先是一个大问题。

这个问题，殚精竭虑的乾隆帝早就未雨绸缪。

1774年，也就是《四库全书》刚开始编撰的第二年，在皇帝的规划下，位于承德皇帝行宫，专门为《四库全书》度身订做的文津阁开始动工，第二年完工。

其他三阁，位于圆明园内的文源阁、位于紫禁城内的文渊阁和位于盛京（沈阳）故宫的文溯阁，先后建造。这就是所谓的“北四阁”。

后来追加抄写的三部全书则陆续送往镇江、扬州和杭州。三处原有的藏书之地，被赐名文宗阁、文汇阁和文澜阁。这就是著名的“江南三阁”，也称“南三阁”。

书有书的命运，自从它诞生，毁灭的阴影就伴随着它。熟悉书籍历史的乾隆皇帝头脑里曾经一定闪过火中的书册随风飘散的历史场景，所以缮写7部，分散收藏，这是他比成祖皇帝高明的地方。

然而，乾隆帝不能预见的是，帝国的敌人中，既有帝国内部的反民，也有远渡重洋而来的夷人。作为康乾盛世之体现的《四库全书》，同样难以躲避兵火的灾难。

首先遭劫的是南三阁，1853年，在太平军由瓜洲攻战镇江的战役中，金山寺被焚毁。文宗阁典书官不遑他顾，逃之夭夭，藏书与阁同归烟火。

■ 国立北平图书馆的《四库全书》

第二年，太平军进攻扬州，扬州城兵火四起。此前，扬州绅士曾请扬州转运史筹措经费，将书挪往深山，遭到拒绝。据说，大火燃起时，文汇阁门紧锁，人无法进入，只能任由大火吞噬。

1861年12月29日，太平军再度攻入杭州，文澜阁塌毁。杭州城著名藏书家，八千卷藏书楼的主人丁丙、丁申两兄弟请胆大者趁夜色潜入阁中，捡拾残存之书。此后丁氏兄弟又多方收集，使8389册《四库全书》得以保存。到1926年，经过三次大的补抄，文澜阁《四库全书》又大体恢复原貌。

最幸运的是文津阁《四库全书》了。它先是逃过了1860年英法联军的洗劫。在那次劫难中，圆明园遍地火光，文源阁《四库全书》当然灰飞烟灭。

1900年，八国联军进京，伴随着大火和洗劫，《四库全书》的底本，当时存放于翰林院，与残存的《永乐大典》一起，或化为灰烬，或被劫掠。在今天的英法各国图书馆中，可发现它们的身影。

由于身处皇帝的行宫，文津阁全书又一次逃过洗劫，成为7部《四库全书》中，保存最完整的一部。

书来源于书，书呼唤书。《永乐大典》本是《四库全书》编修的一个重要契机，在清朝的皇家藏书楼中，它们又亲密共处，而在罗振玉1906年的《京师创设图书馆私议》和晚清学部1909年的奏折中，《四库全书》与《永乐大典》一起，同时与它们的新家——京师图书馆发生了关联。虽然《永乐大典》的入藏是1911年，而文津阁《四库全书》要等到五年以后。

同时收藏两部盛世之典，这是京师图书馆被视为一国之馆的体现。

1915年10月7日，京师图书馆馆长夏曾佑呈文教育部，称《四库全书》“均以一律点收完竣，陆续装运到馆”。

经过几个回合的公文旅行，教育部、内务部商议、点收。内务部又想留下原来的配套书架和《四库全书简明目录》。最后国务院出面，内务部让搬走书架，留下了《简明目录》。

从1915年起，文津阁《四库全书》就稳稳地住在图书馆里。在其他阁《四库全书》或被烧毁或遭劫、或辗转中国各地的时候，文津阁《四库全书》一直安然呆在北京的国家图书馆的家里。虽然，它也有过几次搬家，但那是喜庆的乔迁，条件一次比一次好。最近的一次搬家是2008年7月10日。

1772年，正是乾隆皇帝为编《四库全书》做准备，下令向全国征集书籍之时，在欧洲的法国，一个叫狄德罗的人和他的伙伴们合作编撰的《百科全书》开始出版第一卷。此后，这一在世界历史上影响深远，被认为是法国大革命舆论思想准备的编撰行动经过前后21年的时间，被陆续付诸实践。

其间，主编狄德罗进过监狱，《百科全书》几次被皇帝叫停。然而它最终坚持下来了。

中西方在同一时间着力于总结各自文明成果的工程难道仅仅是一个巧合吗？有人把中国18世纪七八十年代的编书工程比之为同一时期法国的大百科全书工程，然而，站在今天的角度，我们看到的更可能是两者的不同，乃至对立。

这种对立最尖锐地表现在，狄德罗等知识分子的百科全书写作是一次启蒙行动，一次全民的现代意识的教育行动，而中国皇帝领导下的编书工程在保存典籍的同时，通过钦定、选择、抽毁、删改等手段，来实行文化和思想的统制。

20世纪30年代，曾经力促《四库全书》收藏于京师图书馆的鲁迅在《病后杂谈之余》中写道："乾隆朝的纂修《四库全书》，是许多人颂为一代之盛业的，但他们却不但捣乱了古书的格式，还修改了古人的文章，不但颁之文风较盛之处，使天下士子阅读，永不会觉得我们中国的作者里面，也曾经有过很有些骨气的人。"

他得出的结论是："我以为这之后，则清人纂修《四库全书》而古书亡，因为他们变乱旧式，删改原文"。

站在独立、自由之现代知识分子立场的鲁迅对这种依统治者意愿随意"校改"原著的行动深恶痛绝，这当然不表明他要全盘否定《四库全书》整个工程。这与他力主让文津阁《四库全书》收藏于京师图书馆并不矛盾。

今天，当我们把《四库全书》视作一座馆藏丰富的图书馆时，我们也要提醒自己，它是钦定的，是皇帝大人从头到尾地把关的。所以我们不仅要关注《四库全书》，也要关注《四库全书存目丛书》、《四库禁毁书丛刊》和《续修四库全书》。这些四库的系列都是中国大陆20世纪90年代中期以来进行的各项工程。它们的目的是使读者在钦定的《四库全书》的基础上，更清楚地看到中国古代典籍的全貌。

影印也是为了让普通读者接触、利用以前的皇家藏书。自台湾商务印书馆于20世纪80年代着手影印文渊阁《四库全书》全文后，2003、2004年文津阁和文澜阁的《四库全书》也被全文影印。

而《四库全书》的数字化工程也在20世纪90年代中期以后大规模进行。短短几年内，三种不同类型的《四库全书》电子版被推出。电子版可以进行全文检索，有扩大、缩小及原文复制等功能，可以做笔记，打印，不同字体转换，可以跨平台使用。

总共八亿多字的原文内容，被浓缩成153张光盘。

叶恭绰：佛门藏书人

1909年，北京，八宝胡同。

这里是法国人伯希和的寓所。这一年他携所劫敦煌经卷、文物等抵北京，叶恭绰大为震惊，这批文物包括殷墟甲骨、西陲汉晋木简、六朝隋唐写本经卷、唐抄古书、唐拓碑片、绢纸绘画及丝织物等各类文物，时间跨度之长、内涵范围之广，皆为罕见，学术价值极高。叶恭卓迅速与罗振玉、王国维等人前往其住所访阅，并全力赶抄，中国敦煌学由此起步，叶恭绰功不可没。

1921年11月，叶恭绰发起成立“敦煌经籍辑存会”，从事敦煌写本整理及编目工作。王仁俊的《敦煌石室真迹录》，罗振玉的《敦煌石室书目及发见之原始》、《莫高窟石室秘录》、《鸣沙山石室秘录》、《鸣沙石室佚书》、《西陲石刻录》、《日本橘氏敦煌将来藏经目录》、《高昌壁画菁华》，罗振玉与蒋黼合编的《敦煌石室遗书》，罗振玉与王国维合撰的《流沙坠简》，罗福苌的《伦敦博物馆敦煌书目》、《巴黎图书馆敦煌书目》，王国维的《韦庄的秦妇吟》，陈垣的《摩尼教入中国考》、《敦煌劫余录》，王维诚的《老子化胡说考证》，蒋经邦的《敦煌本王仁煦刊谬补缺切韵跋》，孙楷第的《唐代俗讲之科范与体载》，向达的《唐代俗讲考》等敦煌遗书之整理、研究与刊行，以及《北京大学五十周年纪念敦煌考古工作展览概要》等，皆为辑存会的重要成果，叶恭绰在其中贡献卓著。

1920年，伦敦。

> 余于民国九年游欧时，一日，在伦敦闲游，入一小古玩肆，惊见此册。又‘职’字一册，遂购以归。此标戏文二十七，足征前后所辑戏文尚多，惜均已佚，此仅存本，诚考吾国戏剧者之瓌宝也。

这是1931年4月，古今小品书籍印行会出版《永乐大典戏文三种》时，叶恭绰作的题记。讲的是叶恭绰在英国一小古玩肆购得《永乐大典》的故事。其中《小孙屠》、《张协状元》、《宦门子弟立错身》等戏文三种是我国现存最早的南戏剧本，为中国戏剧史重要文献之一。

1937年，北平碧云寺。

这一年，叶恭绰隐居北平碧云寺，面对日寇淫威，拒绝出任伪职，东借西凑地从道胜银行购得毛公鼎。一时传为美谈。

毛公鼎铸于西周宣王元年（公元前827年），重百余斤，内有铭文32行497字，为著名西周青铜重器之一。清道光二十三年（1843年）毛公鼎出土于陕西省岐山县。咸丰二年（1852年）陕西古董商苏亿年运至北京，为翰林院编修、国史馆协修、著名金石学家陈介祺重金购得。得鼎后，陈意识到这是国之珍宝，大有怀璧之惧，于是，借奔母丧之际，回归潍县家乡，辞官不做。毛公鼎从此深锁密藏30年，秘不示人，金石学家多仅见墨拓，难管窥原器真貌。

陈氏病故后，后人续藏20年，20世纪初被晚清重臣端方仗势强行购去。毛公鼎在端府没几年，端方因保路运动被新军杀死于四川资中，家道衰落。而后，端方女儿出嫁河南项城袁氏，端府欲以毛公鼎陪嫁，袁家竟然不敢接受。而后英人辛普森、日本山中商会、美国商人等争以重资购鼎，消息传出，舆论哗然，力阻宝器出国。后将鼎质押于天津华俄道胜银行。

叶恭绰得鼎后，由北平迁居上海后，毛公鼎藏在叶氏上海法租界劳里育路卫

■ 毛公鼎

乐园三号懿园寓所。1937年，上海沦陷，叶恭绰避祸香港，毛公鼎及书画珍藏留置上海，日本及美国收藏家多次拟以高价购鼎，都没得逞。叶恭绰在上海的一个亲属因财产纠纷，竟把毛公鼎的消息透露给日本人，叶恭绰知道后，急令当时在西南联大任教的侄儿叶公超赶回上海，并谆谆嘱托：毛公鼎不得变卖，不得典押，决不能流出国土。毛公鼎终于没被日军掠去，但叶公超却在狱中受刑七次，差点丧命。叶氏两次保护国宝，才使毛公鼎未落入外国人之手。解放前夕毛公鼎由南京博物院收藏，1949年被蒋介石带往台湾，现藏于台北故宫博物院。

以上是叶恭绰的三次与国宝交手的故事。叶恭绰（1881—1968年）字裕甫，又字玉甫、誉甫等，广东番禺人，祖籍浙江余姚。清光绪七年（1881年）十月三日生于北京米市胡同，17岁捐监生入京应试，因祖父弃世，没有完成考试就匆匆回家奔丧，18岁在广州应童子试，以《铁路赋》受张百熙赏赐，以第一名录取。光绪三十二年（1906年）清政府设邮传部，张百熙任尚书，延叶恭绰为该部文案处主稿，自此开始从政生涯。仕途可谓得意。

1912年6月，叶恭绰出任中华全国铁路协会副会长，8月孙中山入京，见到叶恭绰后孙中山说了这样一句话："吾之北也，喜得一新同志焉。"叶恭绰自此开始追随孙中山，孙中山建设全国交通、邮电事业之方略，对他多有倚重。同年9月，孙中山受任筹划全国铁路事业，往张家口视察詹天佑设计、筑建之京张铁路，山西各界纷纷致电邀请孙中山赴晋视察，叶恭绰沿途照料一切。

孙中山逝世后，叶恭绰深感政治险恶，风云难测，就辞去交通总长职务，开始潜心修持佛学。1926年6月与施肇基、简玉阶等人成立佛教净业社，弘扬佛法。近现代佛教居士中，军政界显要段祺瑞、徐世昌、吴佩孚、曹锟、熊希龄、靳云鹏、孙传芳、林森、戴传贤、居正、吴忠信、蒋作宾、赵恒惕、唐继尧、陈铭枢、程德全、朱子桥、李子宽、胡瑞霖、屈映光、李根源、王柏龄等皆皈依佛教，热心护法，其中叶恭绰尤其热心。

叶恭绰曾在中山陵东侧小阜建有仰止亭，表达其对中山先生高山仰止之情与知遇之恩，叶恭绰病重时，曾请宋庆龄同意其死后埋骨亭畔，以示与中山先生生死相随的决心。后来，在茅以升等人的奔走下，这个愿望终于达成，1970年4月叶恭绰骨灰盒由茅以升护送至南京中山陵入龛，亲属无一人被允许参加，更不准在碑背镌刻生平。后来，仰止亭及叶恭绰墓地遭"红卫兵"砸坏毁损，无人过问。1981年，叶恭绰定居美国芝加哥的独生女叶崇范与中共中央联系，经中共南京市委统战部同意，由叶崇范自行解决材料来源及修整费问题后，被当作坐凳的墓碑才重新立起，碑文重描后恢复原样，墓坪另以条石铺成圆形，四周以铁炼水泥柱围栏维护，早已荡然的梅花则由亲属自行补栽，仰止亭及叶氏墓坪才是今天看到的样子了。

叶恭绰一生收藏古籍和文物，花了大量财力、精力，承担了巨大风险。素有“收藏大家”美誉，无论是晋代王羲之《曹娥碑》、晋代王献之《鸭头丸帖》、明代唐寅《楝亭夜话图》，还是乡镇专志、清人词集、清人传记、名僧翰墨、文物图录，他都一一收藏，仅清人词集就有5000余种，《全清词钞》有3196家。1943年，他一次性将地理类藏书等906种3245册捐赠上海合众图书馆，其他珍藏文物也都通过捐赠或出售，尽归北京、上海、广州、苏州、成都等地有关文化机构收藏。1961年，在他80岁的时候，他将收藏的大量古字画珍本全都无偿捐给国家。

其收藏中，晋代王献之《鸭头丸帖》是无价之宝。《鸭头丸帖》系晋王献之与友人之便札，文曰：“鸭头丸，故不佳。明当必集，当与君相见。”共两行15字，全帖蘸墨两次，一次一句，墨色由润而枯，由浓而淡，以润取妍，以燥取险，燥润相杂，枯润有致，节奏起伏及气韵变化绽现于铁笔银钩间，为王献之独创行草书体代表作之一。

叶恭绰收藏文物并不为囤积居奇、待价而沽，更多的是希望维护文化遗产，使之不流入外国人之手。叶恭绰重金购得上有历代名家题跋的稀世珍品《鸭头丸帖》真迹后，慷慨捐给上海博物馆，永久典藏。

饶宗颐说，“叶老是一个最早提倡敦煌学的人”，“很有眼光”。《饶宗颐学述》中回忆，叶恭绰迁居香江时，带来的文物典籍仍琳琅满目，藏品中就有不少敦煌卷子，饶宗颐得以饱览藏珍。“我和叶恭绰先生很接近，他极力提倡敦煌研究”，“以后我能够更进一步从事《老子想尔注》的仔细探讨，实导源于此”。

1920年，叶恭绰等人受命进入故宫注册点检《四库全书》，历时两个月，于8月乃成《四库全书册数页数细表》。而后在《跋文津阁四库全书册数页数表》中论及四库版本时这样说：“当时存北京共有文渊、文津、文溯三部，其所以拟选文津一部为底本，则因其校对较完善之故。缘文津在热河行宫，每年乾隆前往避暑，暇即观书，故钞写校对人员皆不敢苟且，其他各部难免草率，且有全册空白未写者，此又言《四库全书》所不可不知者也。”

叶恭绰的父祖辈皆擅长绘画，其祖父叶衍兰（字南雪，号兰台）尤擅人物、仕女。叶衍兰喜欢收集清代学者像，通过学者后人的家藏画轴、册页、卷子等的收集，并细心临摹，技法精到，人物惟妙惟肖，栩栩如生。不同版本，详加比较，选择较为精致者编辑成册，费时30余年工夫，共摹写清代学者171人像，其中部分由大兴黄小泉摹绘。摹绘的原本一般是学者后人供奉的神像，或者出版的专集中刻印的画像，都有可靠的依据。最后辑成八大册。

为了实现祖父的遗愿，1928年叶恭绰将这些清代学者像交商务印书馆用珂罗版影印出版《清代学者象传》第一集。一函四册装。第一册用谭延闿题写的书名，第二册用蔡元培题写的书名，第三册用于右任题写的书名，第四册用罗振玉题写的书名。沈尹默为该书出版题写小令一首。这些均以影印的形式印在书中。一学者一像，并附简单传记。由于叶兰台在同光之际宦游北京，与时代名贤交游甚多，熟悉清朝朝章掌故，对这些清代学者了解较为详细、深刻，所以这些传记概括较为精到，重大事情无遗无漏。兰台先生又擅小楷，将这些学者传记全部用工整小楷誊写，前图后文，十分悦目。印行后风行一时，文人雅客竞相收藏。

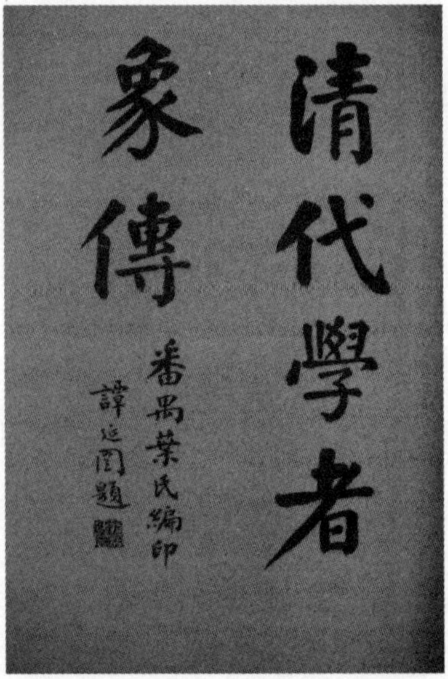

■《清代学者象传》

由于祖父辑入的主要是同治以前的学者，同治、光绪、宣统三朝的学者没有辑入，即便是同治以前的学者也有不少因无法找到画像无法辑入，因此，叶恭绰一直想编续集。甚至设想："嗣有所得，当陆续继出为第二、三集以至无限。"由于时局动荡及学者传撰写方面的难题一直未能如愿。新中国成立后从事文史工作，方有时间整理这些收藏。

1953年，叶恭绰终于将江西杨鹏秋摹写清代学者的各种画像编辑完成《清代学者象传》第二集，共汇入摹写清代学者200人像。由陈叔通和郭沫若先生各题写一书名。陈题写的书名用在封面，郭题写的书名用在第二页。令人遗憾的是第二集只是每一学者编有一像，没有传记。《清代学者象传》两集共收入371人的图像，比较知名的清代学者基本上能在该书中找到，被学界誉为研究清代文化学术史的必读之作。

叶恭绰与毛泽东以书交往的佳话也经常被人提起。1953年，叶恭绰将自己编辑出版的《清代学者象传》第二集寄给毛泽东，毛泽东接到赠书立刻回函："不知尚有第一集否？"

《清代学者象传》第一集出版于1928年，当时已很难找到，叶恭绰于是把自己珍藏的一套送给了毛泽东，并在信中表明了这套书的珍贵，声言不必归还。毛泽东在中南海的住所反复咏读，最后还在书的首页钤盖了自己的藏书印"毛氏藏书"，可见毛泽东该是何等喜欢此书。后来毛泽东将这两部《清代学者象传》转赠给爱好清史研究的秘书田家英。

第七章 《永乐大典》：一部奇书的命运沉浮

《永乐大典》正本的去向，成为中国书籍史上最大的一桩悬案。关于它的失踪，有种种猜测。最悬疑的一种推测是它作为嘉靖皇帝的殉葬品，被埋入永陵。谜底可能要等到永陵墓打开的那一天。经过400多年的岁月，永陵显得有些面目沧桑。如果《永乐大典》正本被嘉靖皇帝带入永陵，将来正本的出土无疑会让整个世界为之震惊。

国图地下书库

这是一个幽深的地下宝库，存放着国家图书馆最为珍贵的馆藏。工作人员小心翼翼地打开了这个由紫檀木制作的书柜。与普通书柜相比，这个书柜最为特殊之处，在于它是由密密麻麻排列的很多小抽屉组成。不难想象，在这样幽深的地下宝库，存放于这样特制的豪华书柜中的，一定不是普通之物。

在工作人员的帮助下，一册精美的大书呈现在我们眼前，它正是举世闻名的《永乐大典》。书柜里的每一个抽屉都保存有一册《永乐大典》，共有161册《永乐大典》珍藏于此，被誉为中国国家图书馆的四大镇馆之宝之一。

《永乐大典》是一部古今中外所罕见的大型类书，是中国古代最为成熟、最为杰出的"百科全书"。

■《永乐大典》

明成祖朱棣，这位传奇帝王迁都北京，派遣郑和下西洋，处处显示出他的雄才大略。下令编纂《永乐大典》是他的又一大手笔。朱棣的雄心在永乐三年（1405年）开始实施，高僧姚广孝和翰林学士解缙带领3000多名文臣接手了这项任务，前后耗时四年。

明初南京的国子监北及鸡笼山南麓，西至进香河，南临珍珠桥（今浮桥），东达小营，面积覆盖了今天成贤街东西两侧和东南大学。国子监鼎盛时期，有来自国内外近万名监生吃住在这里。

明初百废待兴，但从朱元璋起，就是再穷不穷教育，监生们的伙食很好，每人每天香油三分、盐三钱、酱二钱、花椒五分，每三天就有一斤肉，每月有一细桶醋，有妻子的每月还有米六斗。每逢节假日，监生们要到城南逛，就从成贤街出去，他们穿着由工部尚书秦逵设计、朱元璋亲自审批制定的蓝色衣冠“制服”，风流儒雅地从街上走过时，路人无不注目。

或许只有用无与伦比的宏大规模才能迎合这位帝王傲人的文治武功。按照朱棣的要求，大典共辑录图书七八千种，将中国古代典籍尽量收集齐全。

《永乐大典》不仅篇幅巨大，收集广泛，而且缮写工整，绘制精美，被誉为写本中的珍品。《永乐大典》使用的是以桑树皮和楮树皮为主要原料制成的皮纸，当时北方习惯称为白棉纸。全书为手绘朱丝栏本，四周双边，半页8行。书内文字，除标题首字用多种篆、隶、草体书写外，正文都以楷书馆阁体抄录，字体端正整齐。正文为墨色，引用书名及书口文字用红色。断句及标声符号用红色小圆戳钤印。

《永乐大典》内容可以说是包罗万象，保存了大量的我国14世纪以前的文学、艺术、史地、哲学、宗教和应用科学等方面的丰富资料。《永乐大典》的规模是空前的，就算用今天的标准来衡量，也是惊人的。《永乐大典》正文22877卷，凡例和目录60卷，装成11095册，总字数约3.7亿字。

目前，《永乐大典》散落在八个国家和地区的30多个单位和个人手中。如今，在全世界范围内，公私所藏《永乐大典》仅800余卷，400册左右。国家图书馆目前拥有221册（包括现存台北故宫博物院的60册），居世界各处收藏之首。

然而，在痛心之外，我们不能忽略这样一个事实：目前，在全世界范围内，我们已知和所有能见到的《永乐大典》共800余卷，400册左右。800余卷，不到400册，这个数字意味着什么呢？

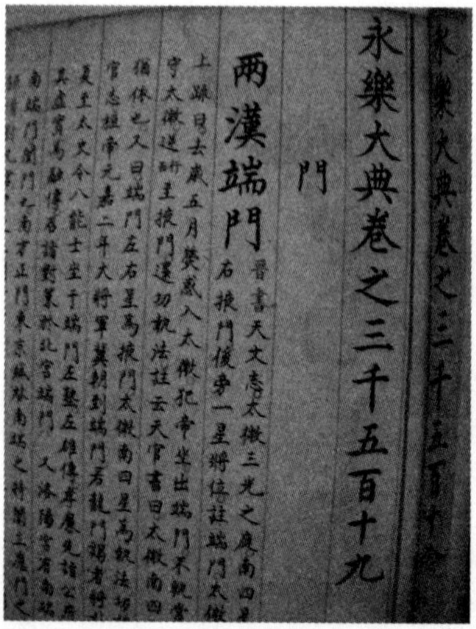
永樂大典卷之三千五百十九

門

兩漢端門

■《永乐大典》

我们不妨做一个简单的数字比较：《永乐大典》成书时共有22877卷，装成11095册。然而，目前全世界各地所发现的《永乐大典》数量全部加在一起，也只有800卷，400册左右。这也就是说，目前在全世界范围内，我们已知和能见到的《永乐大典》加起来，不到原书的4%。

96%的《永乐大典》不知下落!

从11095册到不足400册，《永乐大典》的遗失成了一个无法抹去的伤痛。今天，距离《永乐大典》修成已经600多年了。600多年间，历史经历了明清两个朝代的更替和近代社会的巨大变化，《永乐大典》的丢失究竟是发生在哪一个时期呢?

《永乐大典》修成之后，最初藏在南京的文渊阁。对于长期征战大漠的朱棣来说，有一个想法一直以来在他心头挥之不去。雄心勃勃的他，一直希望能摆脱偏安南京的局限，将天子的威望延伸至更为广阔的天地。他曾经的发迹之地，燕王府北京，自然成了首选。

永乐十九年（1421年），经过十来年的精心准备和大规模营建后，朱棣的新皇宫和未来的国都北京已经初具规模。接下来要做的，就是浩浩荡荡的迁都工程。

这座规模宏大的新皇宫有一个透着丝丝神秘气息的名字——紫禁城。据记载，《永乐大典》就是在这个时候从南京迁移到了这座神秘的皇宫里，作为皇家藏书，秘不示人。

在整个明朝，别说一般读书人，就是高层官员，也没有机会接触和阅读《永乐大典》，它成为了封建帝王个人的御用品。对于深藏禁宫的《永乐大典》，明朝历代史书中很少提及，即使有记载，也只是寥寥几句。

《永乐大典》的下落在宫廷中成了一个秘闻，关于《永乐大典》的各种猜测以讹传讹，加上各种史书对《永乐大典》语焉不详的记载，使《永乐大典》的下落变得扑朔迷离，隐晦难觅了。

随着时间的流逝，《永乐大典》似乎已经渐渐从人们的视野中消失了。这样看来，由于《永乐大典》在整个明朝始终被笼罩着一层神秘的色彩，能够接触到《永乐大典》的只是极少数人，似乎并没有什么途径能够导致《永乐大典》的遗失。

明朝末年，风雨飘摇的明王朝一步步走向尾声，崛起于马背上的八旗兵在努尔哈赤的率领下攻城略地，很快在帝国的北方奠定了势力范围，并且对外强中干的明朝版图虎视眈眈。而正当惊恐的崇祯皇帝和臣子对北方的满人疲于应付的时候，他们或许并没有想到，一些屡战屡败的流寇在李自成的带领下，势如破竹地接近了帝国的心脏，并且取而代之，成为明王朝的终结者。

南池子大街皇史宬

在这样一个多事之秋，《永乐大典》的命运也成了一个未知数。它究竟身在何方？是遭到战火的无情吞噬，还是能够有幸逃过一劫呢？ 清朝康熙年间的一天，徐乾学、高士奇等官员推开了北京南池子大街的皇史宬大门。这是一座古老的皇家档案馆，建成于明朝嘉靖十五年（1536年）。这也是一座独特的建筑，整个建筑用大石头雕砌而成，防火防潮，能很好地保存各种皇家档案。明清两代列朝皇帝实录、皇帝家谱等皇家档案就存放在这里特制的“金匮”中。

让人意外的是，经过明末战争到清朝初年的上百年时间一直下落不明的《永乐大典》也安静地躺在这些“金匮”中。

康熙年间在皇史宬发现《永乐大典》是自明末之后《永乐大典》首次重现于世。但据记载，这个时候《永乐大典》已经残缺不全了。

从有关记载来看，在明末清初那个战火纷飞的年代，皇史宬并没有被卷入战火中。这里仿佛是一个被人遗忘的角落。保存于这样的建筑中，对于《永乐大典》来说，无疑是安全的。

可是，《永乐大典》的残缺也是一个不可改变的事实。乾隆三十七年（1772年）开四库全书馆的时候，要利用《永乐大典》，对《永乐大典》进行了一次清查，发现已经缺1000多册，合2422卷。

清朝光绪元年（1875年）重修翰林院衙门时，清点《永乐大典》已不到5000册。到光绪二十年（1894年）六月，翁同龢曾入翰林院检查，竟只存800册了。短短20年时间，从5000册到800册，《永乐大典》以惊人的速度在流失。

让人疑惑的是，究竟发生了什么事情，导致《永乐大典》流失得如此之快？据清人记载，《四库全书》修纂完之后，一些官员视《永乐大典》为多余之物，清政府对《永乐大典》的保管也大大不如以前了。此后，《永乐大典》被束之高阁，蛛网尘封，虫咬鼠啮，无人过问。一些官员也开始趁机偷窃。

可是，《永乐大典》在书籍中可以称得上是庞然巨帙，每本《永乐大典》相当于现在普通书籍的两倍大小。要拿走一两本《永乐大典》而不被人发现，已经不是一件易事。如果要转移大量《永乐大典》，似乎更加困难。

那么，这些“偷书官”又是用什么方法将《永乐大典》偷出去的呢？据清人缪荃孙记载：翰林院的一些官员偷书伎俩极为巧妙，他们一般选择在冬天进行偷窃。

官员早上进翰林院时随带棉袍一件，不穿在身上，打成包袱形状如两本《永乐大典》大小。当夜晚降临的时候，一些官员也开始实施他们偷书的计划。他们的办法是将两本《永乐大典》包入包袱里，却把原本包在包袱里的棉袍穿在身上。看守人员见到早上曾带包袱而来，晚上带包袱而去，也就不起疑心了。

据记载，光绪年间一名翰林侍读文廷式，一人就盗走100多本《永乐大典》。文廷式死后，这些书又被其后人出售，卖给洋人或者古董商。就这样，《永乐大典》大量流失出去。而且几经辗转，无从寻觅这些被盗出的《永乐大典》的下落了。

目前，《永乐大典》散落在日本、英国、美国等几个国家。是什么原因让这些《永乐大典》远离祖国，流散到异域远邦呢？《永乐大典》的灾难源于国人熟知的那段民族屈辱史。光绪二十六年（1900年），八国联军入侵北京，在文明古都烧杀抢掠。

翰林院坐落在东交民巷，靠近使馆区，已经沦为战场。那些价值连城、有些甚至从未在皇宫之外面世的古版书籍正在被大火一点一点地吞没，一些没有被焚烧的古籍被随意地抛在院子里、池塘中。侵略者对《永乐大典》肆意抢掠，甚至代替砖块，构筑工事。在这场灾难过后，《永乐大典》几乎丧失殆尽，仅存的数百册也散落世界各地。

位于东交民巷的翰林院与英国使馆毗邻，墙与墙之间不到一米，当年的大火在一些人的回忆录或日记中被记录下来。

翟兰斯，英国人，著名汉学家翟理斯的儿子，当时在使馆任见习翻译。他的《北京使馆被围日记》是他从1900年6月4日至8月14日，逐日写给他父亲的报告。

6月23日，他在日记中写道："我们曾试图抢救《永乐大典》，可是无数的卷册尽遭毁灭，抢救的企图也只能作罢，我本人获得第13345卷。"

在日记的结尾，他向父亲告说："每天劫掠团伙都出门搜集战利品。我已经获得一些辉煌的战利品了。"

他的辉煌的战利品之一，《永乐大典》第13345卷，现藏于美国国会图书馆。

时在北京的伦敦《泰晤士报》记者莫理逊也是收集战利品的人之一。有文献记载他在1900年6月21日这天，与日本文部省派遣的留学生，后成为汉学家的狩野直喜博士，和东京每日报纸特派员古城贞吉等一起，到翰林院的书架上，各自搬了几册《永乐大典》，回到英国使馆。

以收集中国资料驰名的莫理逊据说拥有十几册《永乐大典》。1920年莫理逊死后，他的夫人把其中的7册卖给了日本东洋文库。

而此前，东洋文库就开始收购这些价值相当于国宝的书籍。

东京的名书商田中庆太郎在20世纪20年代回忆他是如何在北京收购《永乐大典》的。据他说，当时市面上的价格是每册150日元左右。

而更早的时候，散出的《永乐大典》在崇文门、琉璃厂一带古董店和旧货摊出售。据说一书坊买下8册《永乐大典》只花费一吊京钱。

到1923年，田中庆太郎共买到大约20册。2册卖给了美国国会图书馆，15册分三次卖给了东洋文库。

1933年左右，东洋文库干脆直接告知中国各地的书肆："如有《永乐大典》出售消息，请尽快通知为盼"。

1943年，消息传来，吴兴嘉业堂主人刘承干的姨太太赛马输了钱，要将家藏

49册《永乐大典》出售。东洋文库此时乏于财力，但立即向日本满铁总裁松冈洋右提出请求，请他们购买。后来这49册《永乐大典》被满铁所属的大连图书馆接收。

目前，东洋文库收藏《永乐大典》共34册63卷。

被满铁大连图书馆接收的49册《永乐大典》，后来到了苏联，解放后被苏联政府陆续归还。

1900年的浩劫使600余册的《永乐大典》减少到200余册。1908年京师图书馆筹建时，官家收藏的《永乐大典》只剩下63册。

1912年7月16日，中华民国政府教育部致函京师图书馆（已改名北平图书馆），请派人到部来取《永乐大典》。共64册，4册被留在教育部图书馆供展览。60名家族成员在新家安顿下来。

这64册《永乐大典》原本藏于同治十三年（1874年）状元、清末大臣陆润庠府中，由教育部派人取回。鲁迅曾参与促成其事。

有了这60册《永乐大典》作母本，一册又一册的散本被呼唤出来，回归图书馆的新家。

1908年，也就是罗振玉提议将仅存的《永乐大典》归诸尚未创立的京师图书馆收藏的第二年，缪荃孙撰写了《〈永乐大典〉考》，讲述了他从该书中辑出《宋十三处战功录》、《曾公遗录》等文献的经过。当时，缪荃孙的身份是刚筹建一年的江南图书馆的总办。他没有想到，一年以后，他被任命为刚创设的京师图书馆的监督。

《〈永乐大典〉考》可看作是缪荃孙与京师图书馆因缘的预示。也可以说，因为缪荃孙与《永乐大典》的这种前在因缘，缪荃孙任监督后的京师图书馆与《永乐大典》的距离更近了一步。虽然，当第一批60名成员回到娘家时，缪荃孙已经离开京师图书馆南下。

但馆长们与《永乐大典》的因缘并没有完。1924年，袁同礼在《学衡》杂志发表《〈永乐大典〉考》，标志着他对《永乐大典》关注的开始。此后，他发表研究《永乐大典》的文章12篇。

1927年起，袁同礼先后被聘为北海图书馆副馆长、馆长，1929年任合并后的国立北平图书馆的副馆长，以代理馆长的名义主持馆务，主持国立北平图书馆近20年。

正是袁同礼，在80多年前就呼吁将仅剩的《永乐大典》影印出版，“俾不湮没，他日次第刊行，流布海外，固艺林之快事也”。

2002年4月17日至19日，由中国国家图书馆主办的“《永乐大典》编纂600周年国际研讨会”在北京召开。会上国家图书馆宣布，将存世的《永乐大典》全部按照明嘉靖抄本仿真影印出版。

古人有言：盛世修典。600多年前，当明成祖朱棣下诏开编这部“包括宇宙之广大，统会古今之异同”的皇皇巨献时，一定不愿意看到它后世被偷，被抢，被烧和被低价、高价出卖的情形。

彼时的朱棣野心勃勃，他不仅要汇集普天下的书籍，超越他的父亲、他的侄子，而且要借助这一工程，将普天下的知识、思想和观念都置于皇帝和朝廷的掌握之中，所以它们不能轻易示人，更不能与普天下共享。

如果说，《永乐大典》本身就是一座典奥、包罗万象的图书馆的话，它也只是明朝皇帝一个人的图书馆。

所以，成祖皇帝也绝不会想到，600多年后，这些历经劫难由皇家禁苑流落出去的残存的书册会捧在普通人的手中，或者转化成电脑上的文字符号，任大家浏览和使用。

今天，它真正变成了一座图书馆，尽管是残缺的，尽管它的藏书量不到原来的1/25。

1951年，是永乐家族成员回归的高峰年。这一年，苏联列宁格勒大学东方系将11册《永乐大典》归还中国政府。

几乎就在同时，在张元济先生的倡议下，商务印书馆将所属东方图书馆所藏的21册《永乐大典》赠送给北京图书馆。

此情此景，让善本部主任赵万里非常感动，他决定举办一个《永乐大典》展览。这次展览仿佛是一次无声的呼唤，紧接着，周叔弢捐献一册，赵元方先生捐献一册，北京大学图书馆移送四册。

接着又是张季芗先生、金梁先生、徐伯郊先生、陈李蔼如先生。

1954年，苏联国立列宁图书馆归还52册，苏联科学院移赠1册，德意志民主共和国归还3册。

至此，67册散失海外的家族成员回到北图团聚。

20世纪60年代初，周恩来总理特批专款从香港著名藏书家陈清华手中购回一批珍贵古籍，其中有4册《永乐大典》，去接收的人是赵万里。

1983年山东掖县发现的“门”制册是最近20多年最后一个归客。

迄今为止，国家图书馆的永乐家族成员已达221名。

翻开这历经几百年沧桑的《永乐大典》，专家们发现，这里收藏的所有《永乐大典》有一些共同的特征：从纸张看，这些《永乐大典》用的是嘉靖时期的皮纸，也叫白棉纸。而且，书后都注明了重录总校官、分校官、写书官及圈点人姓名。所以，可以推断的是，这些《永乐大典》全都是明朝嘉靖时期的抄本。这就是说，国家图书馆收藏的所有《永乐大典》都不是永乐年间编纂的。那么《永乐大典》除了永乐年间的这个版本之外，到底还有几个版本呢？

据史书记载，《永乐大典》修成之后，明朝各代帝王中查阅过《永乐大典》的寥寥可数。明世宗嘉靖皇帝却是一个例外。

继位于1521年的嘉靖皇帝在明朝历史上并不是一个光彩的角色，在位45年，崇信道教，朝政昏庸。《明史》在评价嘉靖皇帝时写道：“若其时纷纭多故，将疲于边，贼讧于内，而崇尚道教，享祀弗经，营建繁兴，府藏告匮，百余年富庶治平之业，因以渐替。”应该说，明朝真正由盛到衰，是从嘉靖开始的。

然而，就是这样一个皇帝，却似乎对《永乐大典》产生了特别的兴趣。与其他皇帝不同，嘉靖皇帝的案头常常放置几册《永乐大典》以便随时翻阅。据《明世宗实录》卷512载：“上（指嘉靖）初年好古礼文之事，时取（《永乐大典》）探讨，殊宝爱之。自后凡有疑却，悉按韵索览，几案间每有一二帙在焉。”

一直以来，嘉靖皇帝很想将《永乐大典》重录一部，多次同大学士徐阶谈过。但这个想法都因为工程过于浩大，重录难度太高，而被搁置下来。嘉靖皇帝当然也应该非常清楚，要重录这样一部大型书籍，其难度可想而知。那么，又是什么事情让嘉靖皇帝下定决心，克服各种困难，开始重录《永乐大典》呢？

据史书记载，嘉靖三十六年（1557年）四月，皇宫发生大火，火势连绵。存放《永乐大典》的文楼受到威胁，情况非常危急。大火消息传来，让嘉靖皇帝感到最为担心的就是《永乐大典》的安全。他一夜下了三四道命令，令左右登上文楼督促抢救《永乐大典》。幸亏抢运及时，《永乐大典》才能逃过这次浩劫。嘉靖皇帝因此心有余悸，决心将《永乐大典》重新抄录一部，“两处收藏，以备不虞”。

大火之后的第五年秋天，工程浩大的重录工作正式开始。对于这样一部史无前例的大类书，重录官员选择了按照原本进行“对本抄写”这个最为简单也最为正确的方法。工作进行了整整六年，直到嘉靖皇帝去世，重录工作还在进行。新皇帝明穆宗继位之后，重录工作才得以完成。

据史书记载，重录的《永乐大典》在内容、格式、装帧方面与原本如出一辙，令人叹为观止。此后，《永乐大典》便有了两个版本。现在人们习惯于把永乐年间的第一个版本称为正本，把嘉靖年间的重录本称为副本。这就是说，国图收藏的所有《永乐大典》都是明朝嘉靖时期的副本。

不仅如此，历史上被八国联军毁掠的是明嘉靖后期重抄的副本，流失海外和国内陆续搜集的残本也均为嘉靖后期重录副本或其抄本。而《永乐大典》的正本至今一卷也没有发现，并且其下落也一直不见准确的记载。这就是说，《永乐大典》正本失踪了！

《永乐大典》正本的去向，就成为中国书籍史上最大的一桩悬案。关于它的失踪，有种种猜测。

一种说法是它毁于明清易代之际北京文渊阁的大火。但没有确切的史料证实。而编纂《永乐大典》用的原稿本，在1449年南京文渊阁的大火中，被付之一炬。

■ 永陵全景

另一种推测是正本并没有被毁灭，它可能被转移到了地下——作为嘉靖皇帝的殉葬品，被埋入永陵。

永陵，嘉靖经营了一生的地下皇宫。永陵始建于嘉靖十五年（1536年），建成于嘉靖二十七年（1548年），历时12年。嘉靖曾11次到实地视察督工，还大规模地修葺了前七陵，加建气势恢弘的石牌坊等重要建筑。为此，当时的朝廷每月专用资金达二三十万两白银。永陵是十三陵中最大的一座，它的地宫规模超过定陵，还很可能在朱棣的长陵之上。

《永乐大典》重录完成与嘉靖帝的丧葬大体是同时。嘉靖帝于1566年12月驾崩，1567年3月葬入永陵。也就是说，嘉靖帝死亡距下葬，有三个月时间。而到了4月15日，继位的隆庆帝才赏赐《永乐大典》重录人员。

谜底可能要等到永陵墓打开的那一天。经过400多年的岁月，永陵显得有些面目沧桑。如果《永乐大典》正本被嘉靖皇帝带入永陵，将来正本出土无疑将让整个世界为之震惊。

叶德辉：藏书家之死

叶德辉被抓的那天夜里，正在家里洗脚。

这段时间，他是在惶恐中度过的。外面轰轰烈烈的农民运动，让他嗅到巨大的恐惧。好长一段时间，他归无定期，宿无定处。

可是，他已经成了一个巨大的目标。

20世纪20年代大革命时期，由湖南省农民协会和全省总工会联合呈请组织审判土豪劣绅特别法庭，于1927年2月即被批准成立。省特别法庭成立后，第一个镇压的就是湖南省著名的“文妖”叶德辉。“湖南省委为打击反革命分子的猖狂破坏活动，决定对叶德辉这样的典型人物，采取断然措施，密令省农协将他拘捕，交特别法庭公审正法。”（《柳直荀在湖南农民运动中》，1979年3月《文史资料选辑》第60辑）

叶德辉一直是一个反对变法的人。《清史稿·列传二百五十八·盛宣怀·瑞澂》条目下有一句话：“湘民饥变，复纠弹前祭酒王先谦、主事叶德辉、道员孔宪教阻挠新政状。”1897年，谭嗣同回湖南积极倡导变法，这让王先谦、叶德辉等人心神不宁，坐卧不安。他们大骂南学会“背叛圣教，败灭伦常”，是“无君无父之乱党”。他发誓跟梁启超等人不共戴天，纠集一帮同好咒骂变法是“毁国灭种，无父无君”。

戊戌变法时期，湖南是全国推行制度改革最迅猛的省份，也是新旧两派政见相争最为激烈的省份。

辛亥革命后，叶德辉则以清朝遗老自命，称革命致使“国破家亡，主忧臣辱”。竭力反对民主以维护既得利益，说“中国自古为君主之国，其权不可下移”。民国初年，他又拥戴袁世凯称帝，在湖南组织成立“筹安会”湖南分会，并自任会长，请愿“劝进”，拥戴袁世凯复辟帝制。大革命时破坏北伐和工农运动，北伐后得蒋介石垂青，继续周旋在官、绅、商的圈子之中，欺压工农群众。

叶德辉一生沉溺声色，妻妾成群，长年带领门生好友嫖娼狎妓，在私娼家里讲学论道、饮酒作对。他与曾国藩之孙曾广钧为争某旦角曾大打出手。叶德辉又好男色，看上湘剧小生言道南，小生不甘受辱，最后喝镪水自杀。为此民怨沸腾。

1910年，长沙水灾，粮食奇缺，米价飞涨。叶德辉囤谷万石，不肯削价出售，激发长沙抢米风潮，被清廷革去功名。湖广总督瑞澂评价他“行同无赖，为富不仁，猥鄙可耻”。他的老师王湘绮说他“躁妄殊甚，湘潭派无此村野童生派”。用张之洞的评语，则是“叶某不庄”，他对这条评语很满意，喜曰：“此一字荣褒真可谓之知己。吾非不端，又非不正，平时每与讲学论事，杂以诙谐，其为不庄甚矣，岂非吾一生定评哉。”

叶德辉曾写诗自况，云：“九死关头来去惯，一生箕口是非多。”所谓“箕口”，用他弟子的话说，就是“欲言则言，欲行则行，不知趋时，亦不知避谤”。

叶德辉清癯近视，脸上长满了麻子，见过他的同乡后辈胡耐安，写过一段很生动的文字，有助于后人了解叶德辉的“不庄”：“（叶德辉）身干修伟，满脸麻斑。语言诙谐，有些话用长沙方言说来，更足令人遐思而神往。难得的是他兴之所至，便尽量地绝不保留地无忌讳地快意地说，不拘忌于说话的场合，听话的是何许人，调门儿又高，绘影绘声，洵称大胆。”

祸从口出，对叶德辉来说，可谓命运已经注定。

1927年，湖南农民运动高涨，势若燎原。叶德辉送上一副对联：“农运方兴，稻粱菽麦黍稷，杂种出世；会场扩大，马牛羊鸡犬豕，六畜横行。”横批：“斌尖卡傀。”上下联咒骂闹革命的农民是“杂种”、“六畜”。横批意为：“不文不武、不小不大、不上不下、不人不鬼。”如此远近闻名的大劣绅、大恶霸，如此狂妄至极的恶毒攻击，农民协会恨之入骨。真所谓一生为富不仁，千夫所指。

省政府委员，并任省农民协会秘书长的柳直荀对抓捕叶德辉作了周密的布置。亲历者这样描述当时的情景：“动员之夜，侦知叶宿于坡子街某老姘妇家，先由农民自卫军训练班总队长伍文生率领精壮自卫队四十名潜伏苏家巷、织机巷、里仁巷、坡子街一带，然后计诱其归。总队长伍文生由耕耘圃叶宅后门掩入捕获，时叶归不久，正在卧室洗脚，并由韩伟、熊志超、余集五等在其书室搜获各种反革命文件，及与南北各军阀、反革命人物来往函电人两‘护书’，厚几盈尺。人证俱获。任务完成，于是将叶押解送教育会省革命法庭。时已深夜二时，郭亮和直荀同志等连夜审查证据，并赶发紧急通知，召开群众公审大会。次日十时，各界群众闻讯参加公审的达十万余人，省政府代理主席张翼鹏、厅长邓寿荃，国民党省党部负责人仇鳌、李荣植、凌炳等亦来参加。主席团将叶之罪状公布后，十万群众一致主张立即枪决，并提议没收其浮财充公。此时呼声震撼全城。猖狂至极，十恶不赦的反革命分子当众枪决，人心大快。随后赵恒惕时屠杀黄爱、庞人铨两烈士的军法处长李右文，摧残教育、把持教育经费的俞敕华亦相继伏法。省特别法庭威信大增，反革命分子不得不暂时敛迹，而工农运动势力空前高涨。"

据特别法庭审讯叶德辉的"犯罪证据，计分五点"，分别是：一、戊戌政变，惨杀革命人物，为内幕主张之人；二、充筹安会会长（按，谓湖南分会），促成袁氏称帝；三、主张赵恒惕受北京政府任命；四、发表封建式之文字，为反动之宣传；五、为省城著名反动领袖及著名土豪劣绅。

文中提到："叶德辉被捕后，叶氏家属逃匿一空。省农协接受群众意见，当即组织逆产清理小组，由直荀同志指定胡炳文（省农协委员）、熊炳超（市郊区农协党委书记）、郭炳寰（长沙县农协副委员长）等负责清点。"

4月11日下午4点，叶德辉被押往长沙县浏阳门外识字岭，明正典刑。据其子叶尚农报告，叶德辉"身受两枪。一中头部，一中心部"。这一年，叶德辉63岁。

事实上，有一个历史误传需要更正：杀叶德辉的不是共产党，而是国民党省党部领导下的特别法庭。多年后，1968年10月，毛泽东在中共八届十二中全会闭幕会上，专就叶德辉之死说了这么一句话："有个保孔夫子、反对康有为的，此人叫叶德辉。后头顾孟馀问我，有这件事吗？我说有这件事，但是情况我不大清楚，因为我不在湖南。对于这种大知识分子不宜于杀。那个时候把叶德辉杀掉，我看是不那么妥当。"

亲历者说："叶家浮财以古典书籍为最多，大小书箱、书柜、书架约计百数，东西两厢房陈列几满。小组负责人对原件加封加锁，运存省教育会图书馆保存。其古玩部分亦均开具清单，上缴革命法庭。家具衣服悉数发交叶氏家属领走，未动分毫。至今尚有谓长沙叶氏藏书全部毁于农会之说，绝非事实。但，另有一说，叶之藏书属于宋、元、明代珍贵版本，另存他处，后由其亲属以三万元卖与北直书店，又转售与日本书贾。"

叶德辉死后，其子侄后来"归家清检旧书，有破碎不堪者，有以之拭秽者"。叶德辉有个儿子沉迷赌博，后来将所剩藏书押注换钱。叶德辉的侄儿叶启勋说："余家变故相乘，世父（指叶德辉）死于丁卯（1927年）春月之难，藏书散佚几尽，从兄某则因家计，将所得斥卖罄尽。"抗战中，其子叶启倬、叶启慕最后将所剩不多的一点藏书卖给了日本人山本。

作为湖南第一藏书家，叶德辉版本之考究久负盛名。

鲁迅早年钩稽古籍不止一次提到叶氏刻藏。他在《宋民间之所谓小说及其后来》中说："叶德辉，字奂彬，号郎园，湖南湘潭人，藏书家。"称之为"版本目录学家、藏书家、刻书家"。后人也说："长沙叶德辉等皆为国内知名藏书家。叶德辉观古堂藏书逾二十万卷。""叶氏书话，赏趣于行文的自在、叙述之简明，一册在手，仿佛古书里的故纸烟云都一览而尽。其文字通达可诵，学术见解亦有出彩之处也。"

"家君每岁归来，必有新刻旧本书多橱，充斥廊庑间，检之弥月不能罄；平生好书之癖，虽流离颠沛，固不易其常度也。"这是叶德辉的儿子对他的印象。

叶德辉的藏书室就叫"观古堂"，经他竭40年心力，凡四部要籍无不搜罗宏富，充栋连橱，藏书数量近30万卷，不乏海内善本。他藏有宋胶泥本《韦苏州集》，自诩为"海内藏书第一"，并对儿孙说过这样的话：此为"吾家之宝，鬻及借人为不孝，子孙其用保之"。叶德辉在书架上贴个条子，说老婆和书都不外借。藏书中夹有春宫画，用来防火。他说火神是女性，看了春宫画会不好意思，所以就不会来烧书了。

伴随着湘军中兴，晚清湖南成了中国传统文化的一方重镇，桐城派自皖至湘，似乎也形成了一支文化上的中兴"湘军"。在这种人文传统里，叶德辉跻身湖南第一藏书家，自有其不同凡响之处。袁同礼《清代私家藏书概略》将叶德辉列于清代最后一辈藏书家，并寄希望曰："吾人为文献计，甚望其能长守故都也。"

60岁生日那天，叶德辉写了一篇自叙，文章的开头是这样说的："数十年轰轰烈烈，天子不得臣、国人皆欲杀、海内诵其著述、遐荒识其姓名之叶德辉，至是而年始六十。"这几句话流传很广，一边是悼怀伤往，牢愁郁怒，一边又孤傲自矜，老健自喜；既是性情的写真，也是生涯的总结。

清光绪十八年（1892年），叶德辉考中二甲第九十五名进士，被授予吏部主事的官职，是年28岁，堪称是组织部里的一名年轻人；那年同榜进士中有不少近代名人，如蔡元培、张元济、赵熙、赵启霖、蒋廷黻等。在吏部供职不过两年，30岁的叶德辉就"乞归故里，奉亲读书"，自此不再出仕。这就是他自叙所谓"天子不得臣”的典故。处身吊诡多变的时代，兼具天生孤往的性情，叶德辉自诩：天子呼来不上船，剩有文章惊海外。叶德辉狂傲自称：日本“无不知有鄙人者”。

其父本是商人，在当时长沙的黄金地段——坡子街，拥有一间旺铺，叫做“叶公和酱园”，一向生意兴隆。叶德辉的藏书生涯无疑得益于祖上的家产丰厚。在衣食无忧的悠闲生活中，叶德辉从事经学、小学研究，兼及藏书、校书、刻书等学问研究。尤其对文字学用力甚勤，他曾对《说文》一一疏证，时出创见，因此也闻名学术界。

辛亥革命后，叶德辉躲进山林，清静著书立说。一生可谓著作等身，所著及校刻书百余种。其中《藏书十约》、《书林清话》、《书林余话》、《六书古微》等深受学界瞩目。其中《藏书十约》一书，他从“购置、鉴别、装潢、陈列”等十个方面介绍了古书收藏之基本条规，可称藏书家经验之楷模。《书林余话》为《书林清话》续篇。两种书采撷广博，凡涉镂板、印刷、装帧、传录、收藏、题跋、校雠等史案掌故，皆有考证，故为版本、目录学者所重视。一本《书林清话》被一版再版，专记历代版刻及校勘掌故，行文自在、叙述简明，一册在手，故纸烟云眼前过，成为学者的必备书。

叶德辉对古代房中术饶有兴趣，汇编刊印了中国古代房中术名著《玉房秘诀》、《天地阴阳交欢大乐赋》等。其中《双梅影暗丛书》更是毁誉参半。《双梅影暗丛书》包含五种书，即《素女经》、《素女方》、《玉房秘诀》、《玉房指要》、《洞玄子》，都是隋唐以前的古籍。对此《隋书·艺文志》曾有著录，后来失传。有一个日本人在北宋雍熙元年（984年）写成一部《医心方》，把上述诸书列入。叶德辉用自己的刻书同日本学者交换，并从中辑录出来这五种古籍，使湮没失传一千多年的中国古代性学科学，得见天日。

叶德辉自己说：“今远西言卫生学者，皆于饮食男女之故，推究其隐微，译出新书，无知之夫，诧为鸿宝。殊不知中国圣帝神君之胄，此学以讲究四千年前。性学之妙，岂后世理学迂儒所能窥其要也！”荷兰汉学家高罗佩的《中国古代房内考》，长篇引述了《双梅影暗丛书》所收“房中书”五种的原文。高罗佩在简述叶氏搜求辑佚校勘经过后指出：“叶德辉的书证明，他是一个博学严谨的学者。这亦可从他对这五种书的处理方式得到证实。”

用学术的方式，结合自己的志趣进行研究，说他是中国性学第一人似乎也不为过，至于因此说他是色情狂，显然是见仁见智了。

第八章

风雨苍黄：别问是劫还是缘

1949年前后，大陆收藏家收藏的古代书画、版本图籍有很多流往香港，在香港市面上有大量的中国古代珍贵图书和文物正待出售，其中包括不少国家级的稀有文物。此情况，引起不少外国机构、公私收藏家和国际文物贩子的高度关注，他们携带着大量美元，或聚集在香港，或穿梭于香港地区与外国之间，不断打探觊觎，随时准备将中国的这些国宝级文物攫之而去。周总理接到这一报告后，立即决定拨出专款抢救国宝，并同意在香港迅速建立起一个『收购小组』，一场抢救国宝大行动秘密展开了。

1949年4月28日，离北平解放不到3个月，《人民日报》发布了一则不同寻常的嘉奖令："北平军管会顷通令嘉奖贺孔才先生捐献图书、文物的义举……本市贺孔才先生于解放后两次捐出其所有图书、文物，献给人民的北平图书馆及历史博物馆，计图书一万二千七百六十八册，文物五千三百七十一件。贺先生忠于人民事业，化私藏为公有，首倡义举，足资楷模，本会特予嘉奖。"一下子震动了中国文藏界。

贺孔才出身书香世家，自幼饱读古文国学，是传世古籍和文物的收藏家，青年时跟随齐白石研学治印，屡被齐老夸奖，曾获赞语："消愁诗酒兴偏赊，浊世风流出旧家，更怪雕镌成绝技，少年名姓动京华。"

■ 20世纪60年代的北京图书馆大门

1951年3月27日，文化部批准《改造北京图书馆方案》。《方案》确定北图的性质是全国性的、示范性的、综合性的图书馆。其中心任务是“收集、保藏、整理，利用图书、杂志、报纸，广泛宣传马列主义、毛泽东思想，辅导人民获得科学、技术、文学及艺术等各门知识，以配合新民主主义各项建设”。国家的性质发生了根本性的改变，图书馆的任务也转变为为国家的经济建设、科学研究服务，为政治宣传服务。

1910年清政府颁布的《京师及各省图书馆通行章程》曾规定“图书馆之设，所以保存国粹，造就通才，以备硕学专家研究学艺、学生士子检阅考证之用”。话虽如此，当时的读者却要花两枚铜元购票才能进馆。图书馆迁到北海公园之后，进馆价上升为20个铜元——要先购买公园的门票才能进馆。民国后期虽然取消了门票，却规定“穿对襟短衣”（即普通劳动者装束）不得入内，普通民众在当年完全与图书馆无缘。现在，北京图书馆终于对普通劳动者开放了。

北京图书馆作为国家中心馆的地位日益凸显。它成为政府调拨、私人捐赠、国际交换的优先考虑对象。在轰轰烈烈的社会主义建设中，人们的热情是空前的。北京图书馆也迎来了难得的捐赠潮。

著名藏书家、民国初年曾任教育总长的傅增湘，1950年，老人78岁，重病期间他最重要的心事就是嘱咐家人将藏书分赠北京图书馆和四川大学。他辞世后，长子傅忠谟先生遵其父遗命无偿捐赠了北京图书馆。

今天，《北京图书馆善本书目》上著录傅增湘所藏善本书就达280种之多，其中包括视为传家之宝的“双鉴”——宋内府写本《洪范政鉴》和宋刻本《资治通鉴》。在捐赠“双鉴”时，家人把他用过的写字台、椅子、镇纸、香炉、画像、文房四宝等一并捐给了国家图书馆。

在他的带动下，常熟铁琴铜剑楼瞿济苍伯仲、周叔弢、翁之熹、许广平、郭沫若、柳亚子、顾颉刚、梁思成等诸先生都慷然捐赠珍本善本图书、手稿和其他藏书，使北图的善本藏书不仅在数量上大大增加，在质量上也大大提高。

两种著名的宋刻陶集

在国家图书馆藏琳琅满目的古籍善本中，有两种引人注目的藏品，它们是：南宋刻递修本《陶渊明集》和宋汤汉注南宋刻本《陶靖节先生诗注》。两书在现存各自的版本系统中，都是最早、最好的版本，具有极高的版本价值和资料价值，关于两书的聚合故事藏书家们一直津津乐道。

1942年，抗战进入最艰苦的阶段，这一年，藏书家周叔弢生活异常狼狈，因家用不足，他忍痛割爱，卖掉了明版书一百数十种。从16岁开始购书藏书，在长达半个多世纪的藏书生涯中，周叔弢将一生经营所得大多用于购图书文物，聚书约4万册，其中很多是宋元明精本，多有珍品。可以说他对每一册书都意笃情深。后来，周叔弢回忆说“去书之日，心中依依，不胜挥泪宫娥之感”。

面对战火纷飞，藏书家周叔弢开始为满室的善本寻求妥善的出路，计划将所藏古籍善本捐赠国立图书馆，这一天他在手定的书目上写下几句留给子孙的话：“生计日艰，书价益贵，著录善本或止于斯矣。此编固不足与海内藏家相抗衡，然数十年精力所聚，实天下公物，不欲吾子孙私守之。四海澄清，宇内无事，应举赠国立图书馆，公之世人，是为善继吾志。倘困于衣食，不得不用以易米，则取平值也可。勿售之私家，至作云烟之散，庶不负此书耳。”

1952年，周叔弢作出了他一生最重大的决定：将他藏书中的最精品——宋元明刻抄校本书，共计715种26712册，全数捐给北京图书馆。这其中就包括了著名的“陶陶”和两卷施注《东坡和陶诗》。他捐赠的元延祐七年（1320年）南阜书堂刻本《东坡乐府》、元大德三年（1299年）广信书院刻本《稼轩长短句》，被称为宋词双璧。苏东坡和辛弃疾同为宋著名词人，两个刻本又都刻梓精良，从内容到版本价值都无愧双璧之称。周叔弢选择北京图书馆作为捐书的所在，是经过审慎考虑的，他对儿子周珏良说：“捐书如嫁女儿，要找个好婆家，北京图书馆善本书部由赵万里先生主持，他是真懂书爱书的，手下又有他培养出来的如冀淑英同志等，书捐到那里可谓得所，我是放心的。”

当时的中央文化部副部长郑振铎满腔热情地对他说：“您把最心爱的‘两陶’集都献了出来，真是毫无保留，难得！难得！”

新中国成立初期，郑振铎主持国家文物局工作不久，即从各个方面获得消息：由于解放前夕，大陆收藏家所收藏的古代书画、版本图籍及古钱币等，有很多流往香港，在香港市面上有大量的中国古代珍贵图书和文物正待出售，其中包括不少国家级的稀有文物。此情况，已经引起不少的外国机构、公私收藏家和国际文物贩子的高度瞩目，他们携带着大批美元，或聚集在香港，或穿梭于香港地区与外国之间，不断打探觊觎，随时准备将中国的这些国宝级文物攫之而去。

周总理接到这一报告后，立即决定拨出专款抢救国宝，并同意在香港迅速建立起一个“收购小组”，并指示，要秘密进行这一工作。

不久，国家文物局的“香港秘密收购小组”正式成立。该小组由三人组成：徐伯郊、沈镛、温康兰。“香港秘密收购小组”的负责人徐伯郊，是我国著名古文物鉴定专家徐森玉之子，幼承家学，对古籍、字画的鉴定很有眼力。

一场抢救国宝大行动秘密展开了。

上海长乐路靠近襄阳北路的地方，有一栋小巧玲珑的淡黄色洋楼。小洋楼高四层，设计非常讲究——三层和四层各有一个宽大的晒台，三层的晒台上安置着一处微型花园，四层的晒台更大些，可以开小型派对；楼顶的“山墙”上饰有精美的西式雕花，左右对称，十分典雅；二楼的东、南、西三个方向，都有欧式巨柱支撑的敞廊，使室内的光线非常充足、柔和；底层是车库和储藏室。若从院子门口往里看，一棵老枝横斜的大松树正好挡住车库的大门，小楼就像是从绿树中高高探出……与众不同的是，车库两侧还有两道合抱式的露天楼梯，优美的曲线，缓缓上升，为小楼平添了些许妩媚。

现在这里是沪港合资的上海厚诚口腔医院，十几年前是邮电医院的一部分，1969年就是大名鼎鼎的宝礼堂。 当年，这样的小楼在上海并不稀奇，算不上顶级老洋房，然而，若要论小楼曾经的“含金量”，那可绝对是上海滩顶级的收藏重镇，因为楼里起码收藏了111部宋元古版藏书，是上海藏书界私人收藏宋版书之冠。这些珍本秘籍，都是千百年来名家递藏、流传有绪、朱印累累的至善之本，其中的任何一部都足以在拍卖市场上呼风唤雨，何况是数十年间累积的大宗稀世之宝。

这是一个很典型的海派藏书楼，一个记录了两代藏书家心迹和身世的地方，一个令美国和日本收藏界无限垂涎的地方。楼的主人叫潘明训。

1941年底太平洋战争爆发前夕，上海已成孤岛。眼看日本人的势力一天天增长，租界作为一种特殊的屏障将不复存在，所有中国人的财产都面临毁灭的危险。这时潘明训已经去世，大批珍贵藏书由其小儿子潘世兹先生继藏。

由于潘家目标很大，宝礼堂藏书海内闻名，潘世兹深恐家藏国宝落于日寇之手，于是就与英国驻沪一文化机构（亚洲文会）联系，请他们设法帮助，将藏书转移到安全的地方，等天下太平时再取回。

英国人中大有“中国通”在，知道这批藏书的价值，遂联系、安排了一艘军舰，载上国宝，专程护送到香港。上岸后由专车直接送入汇丰银行的保险库中储存。一切都安排得极为谨慎、周密，谁知这一存竟然是十年之久。

世间没有不透风的墙，宝礼堂藏书到达香港的消息很快就在外界传开了。这期间美国人和日本人曾多方设法游说潘世兹先生，意欲高价囊括这批珍藏。美国文物收藏家侯士泰是其中最活跃的一个，他携带大量美元到港，不时地穿梭在美国和香港之间，到处探询故家旧族的藏品，随时出高价收购。潘世兹先生始终没有松口，他宁肯每年支付汇丰银行高昂的保险库租金，一直到全国解放。

1951年，潘世兹给时任政务院文物局局长的郑振铎先生写了一封信，信中提出，愿将宝礼堂宋元版藏书全部捐献给国家。他说："这些国宝本来就属于国家，我不能为了金钱而出卖祖国文化。这些书献给国家，才能得到更好的保存，同时发挥它们更大的作用。"信中还提到，目前这些书都存在香港汇丰银行保险库中，眼下尚无精于此道之人来具体办理此事。

郑振铎邀请了郭沫若、王冶秋、阳翰笙等知名人士在文化俱乐部与徐伯郊面谈，以国家的名义正式委托徐伯郊在香港代购珍贵文物，并具体办理有关接收潘氏宝礼堂珍贵藏书的一切事宜。

后来经徐伯郊往返奔走，宝礼堂的珍贵藏书终于安全运抵上海。政务院为此又特批了专列，由上海直运北京，后来入藏北京图书馆善本室，大大丰富了该馆的善本书藏。为了纪念和表彰潘世兹先生的爱国精神，北京图书馆在编印该馆的善本书目时，特将宝礼堂藏书的书名下注上了"潘捐"二字，以示其功绩。

由于资金有限，郑振铎等在购书时不得不慎之又慎，他这样说："为公家购书，确较私人不易。我为自己购书，如为我所喜者每不吝重值，但为公家购书，则反议价至酷。"因为这个原因，有时面对一些古籍珍本，郑振铎往往不能当机立断，导致有些图籍为他人所得。

搜集古籍，有得有失，本属自然之事，更何况在当日境况中如此行事确也是无奈之举，然而郑振铎却不作如是想，他总觉得每一次自己所看中的古籍为他人所得都是自己没有尽责，都是对保存民族文化的失职。

这是一份距今1800多年的手稿，宋代司马光手写《资治通鉴》的原稿残卷。纸本，手稿高33厘米，长106厘米，题跋高315厘米，长144.5厘米，手稿全长29行，460余字，是现行通行本《资治通鉴》第92卷的部分内容，记录的是东晋元帝永昌元年（322年）发生的事情，这份手稿是当年香港特别小组的得意之笔。

在手稿中，几乎每段史实都只写了开头几个字，以下就以“云云”二字代替。专家推测，此残卷可能是《资治通鉴》的初稿。手稿的卷末钤有数十枚藏印，是自宋、元、明、清以来，历代藏书家争相收藏，视之为瑰宝的遗迹。

手稿的卷中附有一封书信“谢人惠物状”，据此专家认为手稿的纸张是范仲淹之子范纯仁送给司马光的哥哥司马旦的。因为当时的纸张比较珍贵，因此司马光写了一封感谢信。信中落款也显示此信可能不是正式书函。手稿卷后有宋代任希夷、赵汝述、葛洪、赵崇龢，元代柳贯、黄溍、宇文公谅、朱德润、郑元祐等人的题跋。

文化部文物局从香港买得后，考虑到北图已收藏傅增湘双鉴楼旧藏宋刊百衲本《通鉴》，天禄琳琅旧藏南宋绍兴年间浙刻本《通鉴》，宋元明清刻本《通鉴》，为构成《资治通鉴》的收藏系列，遂将手稿拨交北京图书馆。

宋拓《神策军碑》是国图最具传奇色彩的珍品。民国时，经南方著名藏书家

■ 北京图书馆地图阅览室

■ 大书库来往送书车

陈澄中收藏。

1949年，藏书家陈澄中夫妇携部分珍贵藏书定居香港。两年后，收藏界一条传言惊动了郑振铎。陈氏将出售藏书，并有日本人意欲收购。郑振铎获悉后，决定不惜重金将这批珍贵古籍购回，当即通过香港《大公报》费彝民社长和收藏家徐伯郊会同国家图书馆版本目录学专家赵万里与陈氏洽商。没有人想到，这次谈判竟然持续了14年，直到1965年成功地购回了“郇斋”所藏的善本，入藏当时的北京图书馆。

唐朝自德宗之后，宦官掌管禁军——神策军，专权局面逐渐形成。此前，武宗之兄文宗曾命朝官谋划“甘露之变”，从而引发了朝官和宦官的激烈冲突，文宗也因此被宦官软禁。武宗是宦官仇士良所立。因此，武宗决定巡视左神策军，其用意在于向宦官示好，而仇士良也正好顺从圣意进而请求建立颂圣德碑以回应。神策军碑因此而立。

神策军碑的碑文记录了回鹘汗国灭亡及安辑没斯来降等事，本身就具有重要的历史价值。而此碑由翰林学士承旨崔铉撰文，集贤院学士判院事柳公权书写，更增添了此碑的艺术价值。柳公权书写的碑文，其书法结构严整，充分体现了“柳体”楷书骨骼开张、平稳匀称的特点，加之此碑刻工精良，拓本与真迹无异，故后世奉为柳书代表作。

依惯例，此碑拓本曾颁赐群臣，但流传不广。原碑大约毁于唐末战火，后世也便无从传拓了，至今仅有国家图书馆现存的孤本传世。北宋末期，赵明诚在《金石录》中曾著录有一种分装两册的《神策军碑》拓本，这与国图馆藏恰好相同。因此，历来猜测此本曾经由赵明诚、李清照伉俪珍藏。遥想当年承平之日，赵明诚、李清照以诗书、金石自娱，摩挲赏玩的珍品中也有这件《神策军碑》拓本，真是令人神往不已。

赵氏收藏经靖康战火而损失大半，劫余又流入权势之家。国家图书馆珍藏此拓首有“秋壑图书”朱文印，后有“封”字朱文印，知为南宋权臣贾似道所藏；后贾氏家产查抄入官，此拓成为南宋皇室藏品。今拓本为宋代内库装裱，大约重装于此时。元朝灭宋，归翰林国史院，钤有“翰林国史院官书”楷书朱文印。明代洪武六年（1373年）收入内库，拓本末题有“洪武六年闰十一月十八日收”泥金小字一行。不久朱元璋赐给其子晋王朱棡，故首尾皆有“晋府书画之印”、“晋府图书”朱文印。明末，归大收藏家孙承泽。清代又经梁清标、安岐、张蓉舫、陈介祺等递藏。

这是国图目前唯一的私人专藏，郑振铎著名的“西谛藏书”。“西谛藏书”包容极广，涉及戏曲、小说、诗歌弹词、古今版画、考古、美术等，不少是国内罕见的珍本，如明嘉靖年间刻的《水浒传》，是传世《水浒传》的最古刻本。

新中国成立后，主政文化部的郑振铎为国家藏书呕心沥血，没想到厄运降临了。1958年10月18日，时任文化部部长的郑振铎在率领中国文化代表团出国访问阿富汗和阿拉伯联合共和国时，因飞机失事在苏联楚瓦什共和国卡纳什地区上空遇难。

根据其生前遗愿，郑振铎的夫人高君箴携其子女将京沪两地遗藏中外图书约2万种10余万册献给国家，并建议文化部将书移送北京图书馆专室庋藏。

这一年12月，239部2868册“天禄琳琅”书籍全部入藏北京图书馆。“天禄琳琅”是清代皇家的善本书库。作为宫中收藏，尤重珍本、善本的选取，多为宋、

■ 北京图书馆少年儿童阅览室

金、元、明、清刻本。每部书籍前后，均钤有玉玺印和“天禄琳琅”等印。

到1958年，北图馆藏总量达560余万册，比1949年前的藏书量145万册增加了3倍，平均每年补充书刊40余万册。全年的阅览人数已达1819916人次，比1949年增加5倍多，同年阅览流通达5526556册次，比1949年增加约20倍。

1948年9月，冀淑英被调入北京图书馆，历任善本部助理研究员、研究馆员，深受一些学者的信任。新中国成立前后至整个20世纪50年代，瞿氏铁琴铜剑楼藏书、潘氏宝礼堂藏书、常熟翁氏藏书、周叔弢藏书、商务印书馆涵芬楼藏书、郑振铎藏书等大批善本先后进馆。先生协助赵万里在联系入藏、考订版本、整理编目的过程中做了大量工作，使这批集明清数代藏书家悉心收藏的精品汇集图书馆，奠定了北京图书馆善本藏书的基础。

北图紧跟时代要求，总结出“请进来，走出去”的方法。所谓“请进来”就是拓展阵地服务，延伸阅览服务，扩大外借服务，实行馆际互借，举办科普讲座、图书展览等多种形式，吸引群众进来；所谓“走出去”就是走出图书馆大门，到基层、农村部队和工地去送书上门。

北京图书馆成为北京乃至全国的文化中心，一大批文化名人纷纷登台演讲，成为那个时期空前的文化盛事。

讲座从1953年开始举办。主讲人大都是著名学者和专家。有中共中央马克思恩格斯列宁斯大林著作编辑局副局长陈昌浩讲“认真学习马克思主义”，中国科学院院长郭沫若讲“伟大的爱国诗人屈原”，中科院原子能研究所王淦昌讲“原子能和它的应用”，老舍讲“谈文学的话言”，吴组缃讲“儒林外史的思想和艺术”。听讲座的人最多一次达1700多人。许多北京郊外、石景山、丰台、天津、保定的读者坐火车赶来参加。

1952年，许广平先生将鲁迅手稿的大部分捐与国家图书馆保存，为国家图书馆收藏名家手稿的历史揭开了序幕。

1954年，国家图书馆为保存重要文化史料，开始向社会各界征集近现代政治家、思想家、科学家、文化名人及历史人物的手稿，创设名家手稿文库。当时的馆长冯仲云十分重视革命文献和手稿特藏的建设，采纳了善本部主任赵万里先生提出的收集新善本要兼顾思想性、历史性和艺术性等三个条件，并指示在新善本之外另辟手稿专藏，以保存近现代革命家、作家的手稿墨迹。

通过当时北京市副市长吴晗同志热情联系，闻一多夫人高孝真女士捐赠了闻一多先生全部手稿及部分画稿、印谱共计171种255册；吴晗同志也捐赠了他改写的名作《朱元璋传》。征集到郭沫若在重庆创作的五个历史名剧《屈原》、《南冠草》、《棠棣之花》、《孔雀胆》、《筑》手稿。巴金先生慨然寄来他的代表作手稿《家》、《春》、《秋》，并和国家图书馆结成了友谊。1957年，毛主席那篇著名的词《蝶恋花·答李淑一》发表后，冯宝琳立即设法找到了李淑一同志，从她手里征集到记有这首词的毛主席的亲笔信。这是国家图书馆第一次征集到毛主席的手迹。

国家图书馆拥有200多位近现代名家的4000多件手稿。这些珍贵文献自入馆以来，一直收藏在善本特藏书库中。

20世纪50年代末，文津街的大书库已经饱和，北京图书馆的藏书分散存放在东华门楼、警尔胡同、西皇城根、板厂胡同和北海公园原松坡图书馆等地。新馆的规划和建设，就成为20世纪60年代初以来北图的一件大事。计划中新馆的总面积14万平方米，可容纳图书2000万册。当时选取的是北京两处较好的地段：一是

■ 冯仲云

人民大会堂以西的地段，即现在的国家大剧院地址；二是景山公园以东的地段。

但“文化大革命”的到来，使一切都归于中断。

1972年以后，新馆的筹划重新被提上议事日程。

该年底北京图书馆提出了一个在原馆的东西侧扩建两万多平方米的建筑，以解决燃眉之急的方案。周恩来总理在看完北京图书馆的扩建规划和模型后指示说：“只盖一栋房子不能一劳永逸，这个地方就不动了，保持原样，不如到城外另找地方盖，可以一劳永逸。”否定了扩建计划。

又过了将近一年，北京图书馆与国家文物局达成一致：在紫竹院公园北侧，修建一座新的北京图书馆。

万里就新馆建设提出意见：“我主张把皮鞋厂和园林局都搬走，使图书馆能紧靠紫竹院公园，读者看书疲倦了，一抬头就能望到美丽的园林。”投资不能死抠，“我们国家是穷，再穷也要把一个国家图书馆搞好。北京图书馆不是一般的图书馆，有国际影响，要建得好一点，在建筑中要考虑采用新技术”。

1975年2月8日，国家文物局将新馆规划和设想上报得到中央批准，但由于国家财政困难，工程不得不推迟。

傅增湘：双鉴楼主人

1935年，春节，天津。

二十九日，下午徐悲鸿来谈至5点乃去，此人新周历法、德、意、俄诸国开画展，颇轰动。欲为余写小像，约定新正初二、三、四日下午来。

除夕，2点后徐悲鸿来为写炭笔小像，薄暮乃成，神采极似，因作诗一首赠之。

初二，午后徐悲鸿来画像，薄暮乃去。

初三，下午悲鸿来对写，近暮乃罢。夜宴徐君于园中，约（蒋）梦麟、（胡）适之同饮10时乃散。

初四，悲鸿来画像，暮乃去。

初五，徐悲鸿来画像，一时许，脱稿。

这是傅增湘有关徐悲鸿为他画像的日记，是甲戌和乙亥年之交的日子，具体是春节前后6天间的事。

“手校宋元八千卷，书魂永不散藏园。”这是伦哲如在《辛亥以来藏书纪事诗》中吟咏傅增湘的两句诗。并附有评论说：“江安傅沅叔先生增湘，尝得宋元《通鉴》二部，因自题双鉴楼。比年，南游江浙，东泛日本，海内外公私图书馆，靡不涉目。海内外之言目录者，靡不以先生为宗。”

傅增湘是民国以来最著名的大藏书家，他藏书之富、校书之精，在版本学、目录学、校勘学方面所取得的卓越成就，堪称一代宗师。

傅增湘，字沅叔，号姜庵，别号书潜、双鉴楼主人、清泉逸叟、长春室主人、藏园老人、藏园居士等。四川江安县人。生于清同治十一年（1872年），卒于1949年10月。幼年随父定居北方，光绪十四年（1888年）应顺天乡试为举人。1898年，傅增湘参加科举，得中二甲第六名进士，被选入翰林院任庶吉士，他的长兄傅增于早在1892年已进士及第，1904年，次兄傅增淯又高中进士。三兄弟先后高中，一时传为美谈，傅家也有“一门三进士两翰林”、“江安三傅”之美誉。

后授翰林院编修，曾任直隶提学使，创办天津北洋女子师范学堂、京师女子师范学堂。1917年一度出任教育总长。1919年以后则专心从事收藏古籍和校勘工作。1927年任故宫博物院图书馆馆长。

傅增湘的藏书处名“双鉴楼”，起因是他藏有两部珍贵的《资治通鉴》，一部是他祖父传下来的元刊本《资治通鉴音注》，另一部是他自己购自端方的宋刊本《资治通鉴》。他把这两部宋元本合称为“双鉴”，以此作为藏书楼的名字。后来。他又举债收得盛昱旧藏的南宋淳熙十三年（1186年）内府写本《洪范政鉴》。该书桑皮玉版，玉楮朱栏。其字迹笔法清劲，有唐人遗风，且朱印累累，自宋至清，历经七百多年，一直深锁于历朝内府之中，的确为人间罕见珍宝。民国初年流落民间，自此次谋面后，傅增湘魂牵梦萦十数年。

1928年初春的一天，忽有一个书商在北京琉璃厂出售此书，由于卖价极高，他人皆望而却步。而傅增湘却有踏破铁鞋无觅处，得来全不费工夫之感，一时难以筹措这笔巨资，遂毅然舍鱼而取熊掌，将自己珍藏的三筐日本、朝鲜古刻本卖掉，换钱以购此书。从此，《洪范政鉴》取代了《资治通鉴音注》而成为“双鉴”之一。

1918年，傅增湘在北京西四石老娘胡同（今西四北五条）构筑新宅。因为景仰乡贤苏东坡，特取苏东坡的诗句“万人如海一身藏”之意，命名为“藏园”。园内书斋有长春室、食字斋、池北书堂、龙龛精舍、莱娱室、抱素书屋等。

傅增湘真正有志于藏书，以此为终身职志，乃是中年以后的事。辛亥革命后，他奉派参加南北议和，议和未成，辞职后回到天津，渐生收藏古籍癖好。在上海滞留期间，结识了著名藏书家沈曾植、杨守敬、缪荃孙等。“饫闻绪论。始知版本雠校之相资。而旧刻名钞之足贵，遂乃刻意搜罗。”

他在参加南北和谈期间曾用百金买到一部宋版《新刊诸儒批点古文集成》，这是他生平所购第一部宋版书，自然十分珍爱。1911年6月，在全国教育会上，傅增湘与张元济相识。他遂请张鉴定此书。张观后遗憾地表示，此书为曾被馆臣删改得面目全非的清四库进呈本。听罢此言，傅增湘深为自己的百两黄金而痛惜，也为自己学识浅薄而感到惭愧，更为能结识张元济而感到庆幸。从此，他与张元济结为密友。张元济对傅增湘此后的收藏、校勘给予了很大的帮助，傅增湘则在张元济主持影印大型丛书时给予了鼎力支持。他们在收藏、校勘、保管、影印古籍等方面多有合作成果，素有“珠联璧合”之美誉，并不断书信来往交流心得。

此后，他移居北京，经常流连于北京琉璃厂、隆福寺各书肆，搜奇探秘；有时又南下江浙、安徽等地访书。遇有善本，必欲得之而后快。他的热心收书，犹如“蚁之集膻，蛾之扑火”。某书商从山西收来景祐本《史记集解》在津出售，而当时京津一带很多藏书家认为该书是不值钱的明朝南京国子监印三朝本。辗转数年，无人过问。后被傅增湘以平价收得，价值连城。文物收藏界这才茅塞顿开，后悔不迭。

民国初年正值新旧鼎革之际，不少满族权贵、藏书故家的藏书纷纷散出。如端方“陶斋”、盛昱“郁华阁”、景廉“半亩园”、杨氏“海源阁”以及徐坊、唐翰题、吴重熹、杨守敬、缪荃孙、费念慈等藏书家的书均先后源源不断地归入双鉴楼。傅增湘不仅勤于在各书肆访求善本古籍，而且他求书另有门径，这就是与其他藏书家以书易书。在传世可见的傅氏书信中，就真实地反映了这一点。傅增湘与当时的许多藏书家有着广泛的交往。他们当中有曹元忠、王雪澄、缪荃

“文革”时的北京图书馆主楼前

孙、吴昌绶、徐乃昌、刘承干、叶德辉、邓邦述、蒋孟苹、袁克文、董授经、陶兰泉、张钧衡、章式之、周叔弢等。他们之间经常互通有无．相互馈赠，或郑重嘱咐，或代为搜求。经过数十年孜孜不倦的苦心经营和辛勤积累，双鉴楼的藏书无论数量之多，还是质量之高，都堪称一时冠冕。

双鉴楼藏书最突出的特点就是数量颇多的宋元本。据统计，双鉴楼所藏宋本（包括金本）多达150种，元刊本数十种，明清精刻本、名钞、名校本更是不计其数，总计收藏达20万卷以上。其价值之珍贵，难以数计。由此，傅增湘成为继陆心源皕宋楼、丁氏八千卷楼、杨氏海源阁、瞿氏铁琴铜剑楼清末四大家之后全国最大的藏书家。

傅增湘坐拥书城，并不是为了仅仅满足于占有和鉴赏，而是出于对古籍特有的挚爱和校书之癖。余嘉锡先生在《藏园群书题记继集·序》中说，傅增湘“聚书数万卷，多宋元秘本及名钞、精椠，闻人有异说，必从之假读，求之未得，得之未读，皇皇然如饥渴之于饮食。暇时辄取新旧刻本，躬身校雠，丹黄不去手，矻矻穷日夜不休。所校都一万数千余卷”。

傅氏自己也曾说过：“独于古籍之缘，校雠之业，深嗜笃好，似挟有生以俱来，如寒之索衣，饥之思食，如无一日之可离”，“灯右雠书，研朱细读，每日率竟千行，细楷动逾数万，连宵彻旦，习以为常，严寒则十指如锥，辉暑则双睛为眚，强自支厉，不敢告疲”。以上文字，确是他勤奋校书的真实写照。他一生校书1000多部16000多卷，是民国以来校勘古书最多的人。

从1893年到1944年，傅增湘一校就是50余年。1911年以后，他每日必校书30页，白天时间不够，就深夜苦校，以至校书成痴，“数十年来曾无经旬之辍”。到了晚年，他天天伏案校书。在近70高龄时，还用一年半时间用宋刻本和两部明代刻本，校完了明朝隆庆年间胡维新、戚继光所刊，篇幅1000卷的浩瀚巨作《文苑精华》，并写下数十万字的校勘记。

傅增湘在校勘《三孔先生清江文集》题记中说：“壬戌三月晦日校毕自记，时近畿数百里间。三帅陈兵，殆逾十万，祸变岌岌，旦晚可虑。而吾辈蛰居危城，为此虫鱼之学，宁非绝痴。”一位老学者蛰居危城、埋首校书的形象跃然纸上。

傅增湘不仅藏书、校书，而且还乐于刊布古书，使之化身千万，流布人间，当年商务印书馆主持人张元济先生影印《四部丛刊》初编、续编时，就曾向傅氏借用善本书30余种，《百衲本二十四史》中也有多种取自双鉴楼。

傅氏自记生平的有《藏园居士六十自述》、《藏园居士七十自述》，都是傅氏手书上版影印的。傅氏书法颇有根底，出颜入柳，刚健遒劲，沉稳中透出浓郁的书卷气。傅氏一生不仅酷爱访书，而且喜游名山大川。故游记方面的著作也不少，著名的有《东游别录》、《秦游日录》、《衡庐日录》、《涞易游记》等。

在《六十自述》他说“文章公器，非可自私”，“余之藏书手校者十居八九，传播者十居四五”。

傅增湘祖籍四川。虽然自幼离川，久居京津，但他思乡之情，老而弥笃。他对于故乡文献和先贤著述，勤加搜储。他花了十多年的时间，辑印成《宋代蜀文辑存》100卷，收录450位四川乡贤的文章2600余篇。真所谓是“发两宋沉晦之文章，以存千百辈蜀贤之志事”。傅增湘还覆刊过“蜀贤丛书”12种。据傅熹年先生说，原书版片已捐赠于四川省图书馆，十年浩劫．书版已毁失无遗，故原书印本颇为稀少。

1944年春，73岁的傅增湘突患脑血栓，半身瘫痪，卧病在床。傅家的生活日渐窘迫。在以后的日子里，傅增湘的藏书，为维持生计而不得不出售一部分，他一直视如家珍的景祐本《史记》、宋蜀本《南华真经》也在其中。他给友人的信中提道：“藏书不能终守，自古已然。吾辈际此乱世，此等身外物为累已甚。兼以负债日深，势非斥去一部分不可。”更让人感到遗憾的是，他收藏的宋刻《后汉书补志》、《魏书》等善本书，也在这一时期流入海外。

身染重病时，傅增湘自知不能再进行校勘，将自己1.6万余卷古籍捐赠给北京图书馆，并遗命家人将其珍藏的“双鉴”捐献给国家。1949年傅增湘逝世后，家人遵其遗嘱，将包括“双鉴”在内的宋、金、元本，明、清精刻、名钞、名校本及经傅氏手校本，捐赠给北京图书馆。《北京图书馆善本书目》中著录的傅氏所藏善本书共计280余种。后又将另一批古籍计3.4万余册捐赠给故乡四川，现藏于重庆图书馆和四川大学。

1948年，国民政府中央研究院选首届院士，傅增湘初为人文组提名人选。为此，胡适曾两度拜访傅增湘于病榻，转致国民党政府之意，愿以专机护送其全家及全部藏书赴台湾，并保证其一生生活无虞。傅增湘不为所动。解放之初，周恩来总理曾派人持函探望重病中的傅增湘，遗憾的是未及相见，他已于1949年10月20日病逝于北京藏园，安葬于北京西郊福田公墓，享年77岁。

第九章 《赵城金藏》：一部秘籍的前世今生

1933年，山西平胜府赵城县广胜寺迎来一位风尘仆仆的高僧。来人在佛教界素有名望，人称范成法师。范成法师不辞辛劳徒步跋涉，是受了上海的影印藏经会所托，查访藏经旧本，好为即将付梓开印的宋版藏经补全残卷。就在地僻人稀的广胜寺里，范成法师意外地找到了12个藏经柜，里面竟然珍藏着5000多卷汉文经卷。稀世国宝《赵城金藏》现于乱世，从此揭开了一段身世传奇。历经艰辛十几年，国宝颠沛流离面目全非，国图专家如何使秘籍重生？

1949年4月，河北一个偏远的小山村—— 长乐村。一位文人模样的人开始他一生最忙碌的时候，他叫张文教，时任北方大学老师。他调集了全村所有的毛驴，将42箱书籍驮上驴背。毛驴驮运至涉县县城，然后用小火车运往邯郸。当时，平汉铁路不通车，从邯郸只好用汽车运到北平。路上整整走了20天。张文教白天黑夜守在卡车上，直到把箱子全部安全运抵北平，交由当时的北平图书馆保管。

这是42箱稀世珍宝，名字叫《赵城金藏》。

1949年1月31日，中国人民解放军进驻北平，北平宣告和平解放。2月13日，解放军北平市军事管制委员会派尹达、王冶秋、马彦祥到馆，宣布正式接管国立北平图书馆。

1949年10月，中华人民共和国中央人民政府文化部成立，沈雁冰为部长，北平图书馆移交文化部文物局领导。

10月1日后，国立北平图书馆改名为“北京图书馆”。第一任馆长是共产党员，曾任松江省政府主席的冯仲云。

就在北平图书馆经历着它半个世纪最大的改天换地的时候，一位尊贵的神秘客人悄然来到了。

根据中央政府指令，华北局书记薄一波电令将《赵城金藏》运至北平，交北平图书馆收藏。

这是什么样的稀世珍宝，竟然让一个新生政权如此煞费苦心?

在国家图书馆新馆的一间藏书库里，一排排书柜比肩而立，里面的卷轴码放齐整。不论春夏秋冬，室内温度始终保持在20摄氏度，淡淡的书香弥漫。

这里珍藏的是一部长达4813卷的金代汉文大藏经《赵城金藏》，卷轴装，黄纸护首，朱漆木轴。经卷前加装“释迦说法图”一幅，图右上角刊“赵城县广胜寺”六字。整幅扉画的线条自然流畅而有力，图案布局严整，疏密合理又富有变

■《赵城金藏》

化，立体感极强。

《赵城金藏》现于乱世，几十年颠沛流离。从它被发现那天起，就注定了一段颇不平静的身世传奇。

1933年，山西平胜府赵城县广胜寺迎来一位风尘仆仆的高僧。来人在佛教界素有名望，人称范成法师。此时，范成法师已经在陕西、山西两地的名山古刹间往来数月有余。

范成法师不辞辛劳徒步行脚，是受了上海的影印藏经会所托，查访藏经旧本，好为即将付梓开印的宋版藏经补全残卷。就在地僻人稀的广胜寺里，范成法师意外地找到了12个藏经柜，里面竟然珍藏着5000多卷汉文经卷。

虽然纸卷泛黄、尘秽封积，但字迹清晰可辨。范成法师查点发现，这些经卷每版一面23行，每行14字，字体极为古朴。其中印有宋景祐二年（1035年）的跋文，捐资刻印的信士。刻版之始，或为五代末年，而刻竣印经，极可能是在金代。

范成法师喜出望外，他精通佛家典籍，但这种版本却从未见过，甚至在各种记载中也未见端倪。由于不为世人所知，这部藏经反倒较为完整地保存下来。范成法师从中找到了不少元明以前佚失的经论原文。

消息很快传开，引起不小轰动，津沪各报将此事称为“向所未知，而近日始发现”，“中外人士连袂摄履往赵城探讨者不绝”。小小的广胜寺名噪一时。

其实，这部佛经只是长期未被外人所知而已，在当地流传的民间故事里很容易找到它的踪影。

相传，金代潞州长子县百姓崔法珍，自幼患眼疾，父亲崔进带她四处求医不成。一天，父女两人来到广胜寺，住持和尚给了一些药丸，让回去之后，每天吃一粒，连吃14天，到了第15天，崔法珍的眼疾痊愈。从此，崔法珍便立下宏志、许下心愿：一定要为佛门作出贡献，哪怕穷尽毕生力量。

崔法珍长大成人以后，便开始“还愿”——用毕生精力为佛门做事。她“断臂化缘”，用自残的方式来感动善男信女，先后在山西、陕西等地化缘筹措资金，然后以北宋《开宝大藏经》为底本，雕刻佛经，前后历时30年。

据史书记载，《开宝大藏经》正是我国第一部木刻大藏经，刻印于北宋时期，内中收录了唐僧玄奘法师从印度取回的佛经。然而岁月沧桑，千百年后，流传下来的大藏经多有残缺，难窥原貌。广胜寺保存的这部大藏经便成了稀世孤本，自然异常珍贵。

范成法师在广胜寺呆了5个多月，才将所存经卷基本整理完毕。他还遍访附近村落，购回300多轴散失在民间的散卷。因为这部佛经雕刻于金代，藏于山西省赵城县广胜寺内，世人称为《赵城金藏》。

范成法师离开之后，我国著名佛学家欧阳竟无于1934年遣弟子蒋唯心前往广胜寺进一步考察。蒋唯心经过40多天的研究，编定《赵城金藏》简目，写成15000多字的《金藏雕印始末考》一文。蒋文刊发以后，广胜寺珍藏的《赵城金藏》更加受到国内外学术界和佛教界的高度重视，也由此引发了一场旷日持久的佛经争夺战。

山西赵城县广胜寺

广胜寺是一座千年古寺，据传始建于东汉建和元年（147年）。广胜寺位于霍山南麓，又分为上寺和下寺，下寺位于霍山脚下，上寺则在半山腰上，各自独立，自成一体，通过盘山公路相连。从下寺出发，大约三四分钟车程，可以到达上寺。岁末隆冬，山间的游人和香客寥寥无几，但这无妨名刹古寺的肃穆庄严。

1937年7月，卢沟桥事变爆发。两个月后，山西雁北地区沦陷于日寇的铁蹄之下。半年后，日军已经占领了赵城、洪洞等县。

僧人们深知，日本方面对《赵城金藏》觊觎已久，国宝命运堪忧。

那个时候，广胜寺的住持是一位得道高僧，人称力空法师。当初，力主把《赵城金藏》从下寺转移到上寺看护的人，正是这位力空法师。在日后发生的故事里，他是最关键的人物。

1942年4月25日，赵城抗日县政府根据太岳区党委的命令，精心组织，不费一枪一弹，一夜之间就把4300多卷国宝大藏经安全转移了。

后来，《赵城金藏》就这样在棉上县的煤窑里存放了三年之久。抗日战争胜利后，晋冀鲁豫边区政府决定，将存放在棉上县煤窑里的经卷交北方大学保存。因为北方大学西迁，经卷运到太行山区涉县温村后，就地存放在该村的天主教堂内，北方大学派历史学教师张文教负责看管。

据张文教后来回忆，他接手时，只有4000多卷经卷，分装在42个大木箱里，许多经卷因在煤窑里存放时间过长，受潮发霉，已经糟朽不堪。他深感保管经卷之责任重大，决心想办法好好救护。张文教对保护古书有一定的知识和经验，他知道受了潮的经卷不能放在太阳底下晒干，否则纸张容易发脆而折损，必须慢慢阴干。可当时已是深秋季节，天气转冷，单靠自然阴干，速度太慢。他唯恐经卷受损失，毅然决定用火炕来烤干，于是跑到几十里外的地方挑来木柴烧炕。但木柴火焰太急，容易损坏经卷，便改用锯末，用锯末微火慢烧，效果很好。

经卷烤干以后，张文教又在长乐村一户地主家里，找到了一个通风、干燥的小阁楼，把经卷由温村的天主教堂搬到了长乐村的小阁楼里。

当北京城沉浸在筹备开国大典的忙碌中时，北平图书馆的工作则围绕刚刚运到的国宝《赵城金藏》有条不紊地展开。

1949年5月14日，北平图书馆挑选了部分经卷展出，并邀请了社会各界人士座谈，商讨修复、保藏《赵城金藏》的办法。

在商讨修复《赵城金藏》的时候，首先遇到的问题是，缺乏一种与《赵城金藏》纸质相同、拉力和韧劲都很大、而且颜色一致的广西棉纸。中国佛教协会副会长巨赞法师表示，纸张由中国佛教协会募化，后来两广佛教徒捐赠了数万张广西棉纸，解决了用纸问题。

■《妙法莲华经》七卷，宋刻本

入藏国家图书馆的《赵城金藏》，因在潮湿的煤窑里存放过较长时间，有的经卷被水泡过后，紧紧粘在一起，皱缩成一根根“棒子”，几乎无法打开；有的外表覆满了霉菌和煤灰，完全变黑了；也有的一碰就碎。当年参与清点《赵城金藏》的国家图书馆研究员发现，由于水浸、虫蛀和霉菌侵蚀，已经有近一半经卷面目全非。

虽说解放初期民间修书传统还很盛行，但要请到手艺高强的师傅并不容易，北京图书馆开出了每月200多斤小米的工钱才请来韩魁占等4位手艺高强的修书师傅。

《赵城金藏》修复的难度虽然很大，但修补工艺却相对简单，主要任务就是要将粘连在一起的经卷揭开、装裱。其修复工艺的主要步骤为——

蒸：将因霉变粘在一起的经卷裹上宣纸、包上毛巾，放在特制的笼屉里蒸。

揭：将蒸过的经卷外面的纸轻轻揭开，直到揭不开为止。然后再蒸，再揭，直到书叶全部揭开为止。

托：在揭开的书叶背面粘贴一层纸，上墙绷平。

裁方：将托好的书叶裁成四方形。

接纸：将书叶按顺序粘连在一起。

上褙：在书叶背面粘上褙纸，上墙绷平。

轧光：在褙纸上打蜡，用石头轧光。

裁齐：裁齐经卷的上下两班。

装天地杆：在经卷首尾两端加装天地杆。

而要修复这些紧紧粘连在一起的经卷，其关键环节就是——“蒸”。因为受损的经卷很脆，很容易将纸张弄碎了，而“蒸”的工艺，就是利用热的水分子渗透力强的特点，浸润到经卷纸张内部，为揭开纸张做好准备。具体的做法就是把需要修复的经卷先用宣纸包好，然后再包上毛巾，放入一个柳木做成的笼屉里，像蒸馒头一样地蒸，这样，表层的经卷纸张就可以被蒸汽慢慢润松，而又不被水滴浸泡。每蒸10分钟左右就拿出来用针或者镊子慢慢地将表层松软的部分一点点挑开，直到挑不动了，再放入笼屉蒸，这样循环往复，直到一卷经卷全部揭开。

经过十多年的艰苦努力，1965年，《赵城金藏》修复全部竣工。1982年7月8日，《人民日报》发表了《稀世国宝赵城金藏整修一新》的报道。

对于《赵城金藏》的价值，学界这样评价：“一是《赵城金藏》保留了《开宝藏》的版式和风格，二是可以利用《赵城金藏》研究恢复《开宝藏》的目录结构，三是《赵城金藏》本身包含和保存了很多佛教文献中的稀宝遗珍，四是为后人研究我国金代文化保留了一些重要资料。”

1982年，国务院古籍整理出版规划小组成立《中华大藏经》编辑局，由中国社会科学院世界宗教研究所所长任继愈教授主持编辑《中华大藏经》（汉文部分）。以《赵城金藏》为底本的佛教文献鸿篇巨制《中华大藏经》共107册，于1994年编辑完成，陆续出版与世人见面。

1985年5月9日，《中华大藏经》编辑局派人专程从北京把《中华大藏经》第一册赠送给广胜寺。该册佛经现供奉在广胜寺上寺的弥勒殿，正是昔日《赵城金藏》存放的地方。

继《赵城金藏》之后，是《敦煌遗书》的修复。

在很长一段时期，敦煌遗书都是被挤压堆放在数十个战备箱里。现在它有了敦煌遗书专库，每卷文献被独立封存在为其度身定做的楠木匣子中，这些匣子再存入一人多高的楠木柜子。匣子的底层和柜子的背面都由防虫的樟木制成。

居住条件现在是最好的了，可以着手进行文书的修复了。

在具体的修复中，严格遵守古籍修复的可逆性原则。也就是说一旦科技发展使得更好的修复方式出现，我们可以把它还原到未修复时的状态。英国、法国在这问题上走过弯路，他们给敦煌遗书加膜加网，这样就破坏了书卷的触感，也就破坏了其形态，阻碍了对纸张质地的研究。

敦煌遗书中包含了从公元4世纪到公元10世纪的古代文献，不同的时代，经书所用纸的质地也不一样，而质地的差异往往反映了当时的经济和社会状况。

比如从北魏到唐代，经书所用的纸越来越薄，但到了吐蕃人统治的时期，敦煌与中原的联系被割断，经书用纸就非常粗了。可见只有在可以真切地触摸到原始纸张的情况下，才能够对当时的历史进行更加深入细致的研究。

故而在修补的过程中，刻意留下一些区别于原始古籍的痕迹，比如修补用纸在韧性上和原始纸差不多，但是颜色就有一定的差别，以便后人在研究的时候可以更容易地分辨出哪些是最原始的东西、哪些是我们改造过的东西，避免干扰研

■ 北京图书馆工作人员正在修补馆藏图书

究信息，这对于敦煌遗书形态研究尤为重要。

这些实践中得来的经验和教训也用在对《永乐大典》的修复中。这项工作从2002年开始。

像《赵城金藏》、《永乐大典》和敦煌遗书这样等待修复的古籍是一个庞大的家族。

据初步统计，目前全国各公共图书馆收藏的3000万册古籍文献大多存在着不同程度的损毁情况，其中亟待修复的古籍超过1000万册，而全国图书馆的古籍修复人员不足100人，按比较快的工作进度，完成1000万册的古籍修复任务需要近千年。

国家图书馆馆藏的100万册珍贵善本特藏中，轻度破损的有13万册，中度破损的26万册，重度破损的12万册。而新中国成立后的50多年来共修复了6万多册珍贵典籍，如珍贵的《赵城金藏》、《永乐大典》、西夏文献和部分敦煌遗书、宋元善本等，但完成的数量只相当于待修古籍的12%。

更为严重的是，由于环境污染，许多图书馆的古籍善本文献正在加速酸化和脆化。据调查：20世纪60年代以来，古籍酸化不断加剧。调查显示，“国家图书馆收藏古籍的平均酸碱度从20世纪60年代的7.0至7.5已经下降到6.0至6.5，一旦pH值降到5.0以下，书籍就成了‘尸体’，纸张一碰就可能变成粉末。”

“600年前的古籍论页卖；400年前的古籍论册卖，元代以前的古籍论块（残页）卖。”这条在收藏界流传已久的定律，似乎也能从一个侧面反映出古籍现状的燃眉之急。

一项旨在抢救中华文化古籍的“中华古籍特藏保护计划”即将启动。保护计划的第一期从2006年起至2015年总计十年，目标是完成对全国公共图书馆古籍品种、数量及保存保护状况的普查，修复一批破损严重的珍贵文献，分层次培养国家急需的古籍修复人才，建设国家级文献修复保护中心，改造全国公共图书馆书库现有的古籍保存条件，对文献保护实施标准化建设。

从1975年开始，杜伟生一直在中国国家图书馆从事古籍的修复工作。

杜伟生曾经修复过一幅古籍中清朝中期的画。“当时画中的人物已经不是很清楚了，甚至有些发黑。按照常规，应该先进行清洗。当时我拿一支毛笔蘸了一点儿温水，在画的一个小角上轻轻洗了一下，突然发现，这幅画原先其实是画在绢上的，然而经过了几百年的时间，它本身的绢已经磨损没了，墨迹渗透到丝织品下的浆糊上。如果当时全部用水清洗，就会把画洗坏。”

古籍修复是一门既费心又耗时的“拯救艺术”，修复人员不仅要拥有修复技术，还要掌握历史、化学、生物等多方面知识。然而怎样保护这些古籍才更为科学，究竟是该“用”，还是该“藏”，也一直是一个争论不休的焦点问题。

这个由来已久的矛盾，近些年来已经借助科技手段得到了很大的缓解。

借助缩微阅读器，将古籍的原始信息原封不动地以缩小影像的形式摄影记录在感光材料上，并加工成微缩品供传播和使用。

2002年启动的“中华再造善本工程”，也是旨在借助现代仪器将珍贵古籍批量影印，并赠予清华、北大等全国100所高校图书馆，让阅读变为现实。

从修复、保护和提供给社会和公众阅读和使用等方面看，国家图书馆具有私人藏书和一般图书馆难以比拟的优势。

周叔弢：裸捐藏书第一人

这是他的胸怀——

1942年，他就在自订善本书目中留言于子孙："此编固不足与海内藏家相抗衡，然数十年精力所聚，实天下公物，不欲吾子孙私守之。四海澄清，宇内无事，应举赠国立图书馆，公之世人，是为善继吾志。"

这是他的书斋名——

"自庄严龛"——起自明版《楞严经》，亦自《楞严经》"佛庄严，我自庄严"而来。

"寒在堂"——得自清皇家书库天禄琳琅旧藏的南宋杭州刻本《寒山子诗集》，后又因此书以廉价获得，有如拾得，故又取为"拾寒堂"。

"陶陶室"——乃是因典藏有宋版《陶渊明集》和《陶靖节先生诗》，这两部书由海源阁流出，他先购得《陶渊明集》，后又以4000元的天价（折合当时的面粉价格4000余袋）购得《陶靖节先生诗》。

"双南华馆"——因收得两部宋本《南华真经注》取名。

"东稼草堂"——因为收得《稼轩长短句》及《东坡乐府》两部元本而得名。

"半雨楼"——因为获得宋刻本《王摩诘文集》而号。

"孝经一卷人家"——因元本《孝经》得名。

这是他的遗嘱——

我平生无他长，只是不说假话，临终之时，定能心地坦然无愧于中，我死之后千万不要发讣告，千万不要开追悼会，千万不要留骨灰盒，投之沧海以饱鱼虾，毋为子孙累。

存款五年定期壹万元、国库券壹万伍仟元全数本息上交国家，在四化大海中添一滴水。

一九八二年十月弢翁至嘱

他叫周叔弢，作为新中国成立以后依然健在的藏书家，可以说，他是传统意义上的藏书家中的最后一位。在他将近一个世纪的漫长人生中，他以毕生精力访求善本古籍。收藏宏富，至精至善。

这样的传奇故事，流传久远——

七七事变前，周叔弢购得清代著名藏书家黄丕烈荛圃翁“陶陶室”所藏《陶渊明集十卷》，为存世珍品，欣喜之极，因之渴望得到“陶陶室”第二部《陶靖节先生诗注》。而当周叔弢得知这部书的踪迹时，已为北京一书商捷足先得。书商得知周叔弢久慕此书，正刻意搜求，便漫天要价，索4000元，折合时价可买白面4000多袋。尽管书商也估计到很少有人肯出如此高价买这部书，却仍坚持不肯降价，致使周叔弢朝思暮想，相思不已。僵持了一年，周叔弢明知书商讹诈，仍毅然拿出4000元将书买下。当年黄丕烈为得这“两陶”集，而修葺吴县旧居，改颜其藏书室为“陶陶室”，而今，周叔弢虽被书商赚去巨款，但能使“两陶”集保存全璧，也是幸事。为了避免珍贵古籍失散，特别是避免流失国外，周叔弢往往不惜重金。

周叔弢为汉韩婴撰、明沈氏野竹斋刻本的《韩诗外传》求剑合，花费了十几年的工夫。1919年，周叔弢在江都方氏藏书中喜得十卷本《诗外传》中之八卷，尚缺第九、第十卷。周叔弢千方百计求访十年，直到他离开江都后的1929年，才求得毛奏叔手校的元本卷的第九、第十卷。对周叔弢这位爱书如癖的人来说，十年相思，璧合之愿得偿，对这部书来说，珠还璧合。在周叔弢的藏书中有清乾隆十八年（1753年）张奕枢刻的《白石道人歌曲》六卷，别集一卷，刻书人自称系据陶南村抄本重加点勘，校雠而付梓的，其中自制曲旁注二首，刻印极工，故曾有人诡称宋本以欺世。周叔弢在此书题识中说：“余幼嗜白石词，求此书二十年癸亥除夕获于天津书肆中，为之大快。”可见访书之难，求书之苦，同时也可知此书世不多见。

1928年戊辰正月十三日周叔弢以重金从北京文禄堂购得宋释道原撰、绍兴四年（1134年）刻本《景德传灯录》，加上他的旧藏宝祐年刻本《五灯会元》，此两书堪称“双绝”，周叔弢非常高兴。得书的第五天，适逢周叔弢得子，周叔弢因得书之喜，即为第七子赐名景良，并且就在景良降生的当日，欣然为《景德传灯录》撰写题识，情意深切地写道："深冀此子他日能读父书，传成家学。余虽不敢望兔床，此子或可为虞臣呼!"景良长大，却喜好理工，20世纪50年代留学苏联，攻习晶体物理，归国后入中国科学院物理研究所，为研究员。周叔弢叙述这件事，尝自笑痴。他说自己子女十人，各有所好，各有专业，确实不能以自身之癖好构成子女之累赘。

周叔弢生于一个官宦书香之家，祖父周馥曾官至两广总督，父亲周学海曾中进士，精研医学，有著作传世，自幼受到传统文化的熏陶，是《书月答问》和《吕亭知见传本书目》两书引导他步入版本目录学和藏书的大门。1917年，一个偶然的机会，周叔弢以廉价收到了清代皇家书库"天禄琳琅"旧藏的宋本《寒山子集》，顿时激起了他以收藏善本古籍为终生职志的决心。自此以后，他矢志不移，以毕生精力搜求罗致善本古籍达4万多册。周叔弢藏书又有自己的鲜明特色。那就是求书悬格甚高，标准特严，决不贪多务得，滥竽充数。

除了注重古籍的文献价值之外，周叔弢也非常重视古籍的纸墨、刻工、装潢等诸方面的艺术欣赏价值。他积十年求书、藏书的切身经验，提出了一个鉴别善本古籍的五好标准。这一"五好标准"，早已脍炙人口，遗传书林。第一，版刻字体好，等于一个人先天体格强健；第二，纸墨印刷好，等于一个人后天营养得宜；第三，题识好，如同一个人富有才华；第四，收藏印记好，宛如美人薄施脂粉；第五，装潢好，像一个人衣冠整齐。

抄校本也是周叔弢藏书的特点之一。周叔弢不仅重视宋元旧本，对于抄本（包括稿本）、校本也非常注重。

一般来说，珍贵的抄本有几种形式：一是未曾刊刻的手稿本。包括原稿本、清稿本。周叔弢所藏明朱存理的手稿本《珊瑚木难》小楷极精，十分珍贵，就属于这一类。二是所依据的刻本已失传或属罕见书的抄本。如周叔弢藏明人史臣纪抄本《贞白先生陶居文集》。此书原宋本已不存，仅赖此抄本一脉相传。且经毛氏汲古阁收藏，又出自名家之书，其价值自然不亚于宋本了。三是著名学者的手抄本。如周叔弢所藏的明成化元年（1465年）吴宽手抄的《山海经》，其书法摹苏东坡，内容书法，堪称双绝。又如明嘉靖四十年（1561年）钱谷手抄本《游志续编》。都是脍炙人口的名家抄本。四是影宋元旧刻的抄本。这类抄本不唯存宋元本的旧貌，而且艺术性极高，如周叔弢所藏清初毛氏汲古阁影宋抄本《增广圣宋高僧诗选》、《酒边集》等都是影抄本中的至精之品。

周叔弢所藏的抄校本一百数十种是颇具规模，自成系列的。除了极为罕见的宋元人抄本各一种外，明清有代表性的藏书家如吴宽、钱谷、姚咨、谢在杭、钱牧斋、钱遵王、叶石君、毛子晋、吴免床、陈仲鱼、鲍廷博、黄荛圃、顾千里、艾季言等，都可以在自庄严龛的书藏中找到他们的墨迹。其中仅毛氏汲古阁抄本就有十种以上。这是一批具有重要价值的珍贵资料。藏书界历来重视“顾批黄跋”，凡有“顾批黄跋”之一者，无不视为善本。而在周叔弢所藏的批校本中，仅黄氏士礼居的校跋本就有五十多种，可见其藏书的美富。

明、清两代活字印刷较多，但与雕版印书相比，活字本仍是极少数。周叔弢经过多年的搜求竟然搜集到铜、泥、木活字本七百余种。一家藏活字本有如此之多，可说是举国无双。明代活字本传世较少，他收集到明弘治碧云馆木活字本《鹖冠子》、明正德华氏兰雪堂铜活字本《春秋繁露》、明嘉靖安民铜活字本《颜鲁公文集》、明建业张氏铜活字本《开元天宝遗事》以及明铜活字本《曹子建集》、《沈俭期集》、《孟浩然集》等。这些罕见的活字印本，基本上反映了明代活字印刷的概况，具有重要的文献资料价值。清代活字印刷较明代为多。据统计有两千多种。周叔弢以一人之力居然搜集到四百多种。其中包括了从康熙至民国初年的铜、木活字本。上至皇家内府，下至官刻私刻、民间书坊。各类有代表性的活字本几乎搜罗无遗。他不惜重金，不惜气力，以得书为快，唯恐其流入异域。晚年，他将这批珍贵的活字印刷品也全部捐献给国家。如今. 这些活字本都妥善保存在天津人民图书馆里。

1974年，上海书画社（朵云轩）以元大德广信书院《稼轩长短句》为蓝本，覆刻行世。周叔弢早年曾藏有此书一部，如今见到这部新印古籍，刻工如此精美，不禁惊喜过望。他在一封家书中说：“昨见木刻《稼轩词》，名为仿元，实是自成一格，写刻殊佳。我眼馋，竟费二十八元买了一部。惜纸不佳，如得佳纸佳墨，不在董刻之下也。”并且写信给当时的上海图书馆馆长顾廷龙先生，详细询问了书手刻工姓名写成题记，记在书上，以示表彰。

周叔弢作为著名的藏书家，不仅以收藏宏富、精严著称于世，而且还影印刊刻了不少善本古籍。为使罕见的善本古籍得以广泛流传，泽被后人，周叔弢不惜出资影印或覆刻出来，使其化身千万，长留人间。周叔弢影印的第一部书就是书史上赫赫有名的《唐女郎鱼玄机诗》。该书为南宋临安府陈宅书籍铺刻本。原书字体端庄，刊刻精雅，流传数百年仍神采焕发。此书原为清黄丕烈士礼居旧藏，书中有黄丕烈、顾莼、潘奕雋跋并题诗，曹贞秀、吴嘉泰、瞿中溶、戴延介、孙延、袁廷梼、石韫玉、徐渭仁题诗，朱承爵、王芑孙、潘遵祁、盛昱题款，可谓是流传有绪的宋刻精本。士礼居藏书散出后，民国初年，此书为藏书家袁克文所藏，是其“后百宋一廛”中的精品。曾由袁的夫人刘梅真亲自影抄一部。此书有一个时期曾抵押在周叔弢的四弟周季木处。因为周叔弢与袁为莫逆之交，周叔弢就借来原书，由个人出资，特请日本山本照相馆摄影制版，然后寄到日本京都小林写真制版所精印。纸张印刷都十分讲究，印数不多，外间流传极少。周叔弢还影印过一部《寒云手写所藏宋本提要二十九种》，封面书名为江都方无隅先生（别号大方）题写，全书收录袁克文收藏的宋椠佳刻29种，每一种都详录行款、刊刻牌记、收藏印章、题跋观款以及纸墨状况、装潢形式等等，且由袁克文亲自手书上版，字体隽秀流动，确实是别具特色的宋本书目。

早在1917年，周叔弢以廉价收到清代皇家书库“天禄琳琅”旧藏的宋本《寒山子诗》。宋本《寒山子诗》流传至近代仅存两部，即此部及日本宫内厅图书寮的另一部。据亲眼见过这两部书的傅增湘鉴定，周叔弢所藏一本不仅内容更齐全，而且刊刻时间也早于日本藏本，且经清内务府收藏，书上钤有“天禄琳琅”、“乾隆御览之宝”、“太上皇帝之宝”、“五福五代堂宝”等玺印。初涉书林的周叔弢因得此书而欣喜地命名他的书斋为“拾寒堂”（后更名为“寒在堂”）以为纪念。为了使这部珍贵的典籍广为流传，周叔弢乃斥资覆刊，覆刊之本，纸墨俱佳，刊刻极精。其中有几部以旧存开化纸模印者，更是纸自如玉，墨凝如漆，堪称传统印刷工艺的标本。

1952年，他把毕生精力所聚所藏的精品宋、元、明抄、校本书715种2672册捐献给国家，藏于北京图书馆，成为该馆的“奠基石”。其中，元延祐七年（1320年）南阜书堂刻本《东坡乐府》、元大德三年（1299年）广信书院刻本《稼轩长短句》，被称为“宋词双璧”。1954年又捐出中外文图书3500余册，藏于南开大学图书馆。1955年，他将所藏清代善本书3100余种22600多册捐赠给国家，藏于天津图书馆。1981年再度将1800余种9196册善本书和古印经1262件、敦煌卷子200多卷及一些名人书画等文物捐献给国家，分藏于天津图书馆和天津博物馆内。

第十章

薪火相传：人与书的百年情缘

从京师大学堂到国家图书馆，从居无定所的草堂到动人心魄的新馆，从藏书十几万到坐拥2300多万，一百年的风雨兼程，国家图书馆与国运同在，与时代同行。我们有理由设想，一个社会的品格，一个民族的品格，必然会在它的国家图书馆反映出来，在图书馆的藏书中体现出来。图书馆和它的书籍，无论是在实用的还是象征的意义上，都界定了我们和我们每个人所在的民族和国家。因为它是想象和梦想生长的地方。

推开国图厚重的地下书库大门。对许多人来说，这里是个神秘的地方。作为国家图书馆的秘藏重地，这个地库的设计，考虑到了抗原子弹的袭击。

1987年，在北京市海淀区高粱河畔，紫竹院公园旁，耸立起一座气势恢弘、庄重典雅的地标性建筑。这组气势恢弘、具有中国书院特色的民族风格的建筑群，耸立在紫竹院浓荫秀水的意蕴中，流荡着的是中华民族千年不绝的书典气韵，体现着中国建筑艺术的精髓，这就是荣膺"八十年代北京十大建筑"榜首的北京图书馆。

新馆建设的再次启动是在1978年2月。1981年3月，国家建委正式批复新馆设计方案。从1975年6月开始征地拆迁，到1983年6月土建工程动工，征地拆迁费时7年。到1987年竣工，前后历时12年。

1987年3月19日，《光明日报》刊登《北京图书馆自5月1日起分期闭馆搬迁事宜》。经过半年时间，中外文图书6048架425万册，线装书2297架187万册，善本古籍592架37万册，特藏169架/520箱87万册，中外文期刊5070架554万册，中外文报纸1567架13万册，缩微品100柜20万件，目录卡片500万张，先后抵达了它们的新家——白石桥新馆。

新馆建筑面积14万平方米，占地7.24公顷。以地上19层的基本书库为中心，东、南各5层，北楼6层，地下书库3层，呈高低错落式环绕，布局对称而严谨。屋顶采用四坡顶和盝顶结合形式，改飞檐翘角为秦汉风格的平直方角，突破了当时（建筑界）学院派古典主义的主导风格，在传统向现代的嬗变趋势中体现出新意。

孔雀蓝色的琉璃瓦大屋顶，外墙是淡灰色的瓷质面砖、浅色的花岗石基座、汉白玉的栏杆。这些淡雅明朗的饰面材料，配以古铜色的铝合金窗和茶色玻璃，凸现出清新典雅的民族书卷气。

1987年10月6日，北京图书馆新馆开馆典礼暨开馆75周年纪念活动在白石桥新馆隆重举行。任继愈馆长指出，新馆的投入使用是向现代化迈进的标志，"从此北图进入新的历史时期”。

在数十名来自国外参观纪念活动的嘉宾中，有国际图联主席汉斯·彼·格博士，美国国会图书馆副馆长威廉·丁·韦尔什。韦尔什在庆祝会上说：“1984年我看了北京图书馆新馆设计模型，当时我认为它非常好，也非常必要，但我不相信它会建起来。现在，它竟然建成了！”

1903年，戊戌变法失败后的梁启超游历新大陆，特别关注对美国图书馆的考察。这天他来到美国国会图书馆：

> 华盛顿之图书馆，世界中第一美丽图书馆也。……其衣墙、覆瓦之美术，实合古今万国之菁英云。……数千年来世界上著名之学者，莫不有造像，入之如对严师。观其书堂中，常千数百人，而悄然无声，若在空谷。

他还特别注意到壁上用石头镌刻的各国文字。

> 吾中国文亦有焉，所书者为“子夏曰日知其所亡月无忘其所能可谓好学也已矣”二十一字，写颜体，笔法遒劲，尚不玷祖国名誉。

这一对“中国特色”及“尊严”的强调可看出一个致力于以教育、图书馆启

■ 1983年7月，北京图书馆总馆一期奠基

蒙维新的先觉者敏感而脆弱的内心感受。

此时，北京图书馆新馆加上旧馆的馆舍面积共17万平方米，居世界第二，藏书量1300万册，居世界第五。而这一数据在10年后变成了2100万册，已经超过新馆第一期设计藏书量2000万册的容量。

馆舍的扩大总是跟不上馆藏的增加，这确乎是一个世界性的难题。在数字化日益风行的20世纪末，我们反倒迎来了一个伟大的新图书馆建筑诞生的年代。

英国、法国、德国和丹麦的国家图书馆都开放了它们的新馆。1996年12月，对外开放的法国国家图书馆即密特朗图书馆和伦敦的大英图书馆分别是两个国家最大的公共建筑。1996年底开放的中国上海图书馆新馆也使上海图书馆成为世界十大图书馆之一。

除了不断扩建馆舍，多数人都认为，解决这个世界性难题的另一个办法是数字化。今天，世界各国都在加紧建设数字化图书馆。美、英、法、日、德、加、

■ 1986年，建设中的北京图书馆总馆一期工程

意、俄八国国家图书馆参与的“G8全球数字图书馆联盟”，美国国会图书馆开展“美国追忆”并加入联合国教科文组织的“世界追忆”计划，都是国际数字化图书馆建设的一些标志性工程。

有人早就预言，到20世纪末，人类将进入一个无纸化社会，因此，21世纪的图书馆将不需要有形场所。

在21世纪初的今天，现实是，印刷物还在不断增加，而且预计将继续增长，有形的图书馆还在不断出现。

2002年，埃及亚历山大图书馆的重新开馆也表明，21世纪的图书馆是数字图书馆和传统图书馆结合的混合体。但网络化、数字化确实改变了读者利用图书馆的方式，也改变了图书馆的馆藏和提供服务的方式。从这个意义上说，我们正在进入一个数字化时代。

国家图书馆从20世纪90年代就开始跟踪国际数字图书馆研究和发展动态。1998年，国图向文化部申请实施“中国数字图书馆工程”。2001年10月“国家图书馆二期工程暨国家数字图书馆工程”经国务院批准立项，被列为国家“十五”重点建设项目。

今天，你可以通过Google Scholar检索进入国家图书馆数字资源门户，免费使用各类学术著作30多万种，7000多万页；通过国家数字图书馆网站，搜索包括4万多册的博士论文、2000多种民国期刊和400多万个影像文件。

有人说，从古代藏书到现代图书馆的转变是从以书为本位到以人为本位，从“藏”到“用”，从以保存为中心到以服务为中心的转变。无论是传统的印刷书籍还是现在的数字资源，它们要变成读者自身的内在资源，还是要通过图书馆，更准确地说，通过图书馆提供的服务来实现的。

“服务”在今天，越来越成为图书馆工作的中心。

2005年9月23日，国家图书馆接待了一位著名的客人。这是台湾著名学者李敖。这位笔耕不辍、著作等身的作家兴致勃勃地参观了国图的善本珍藏，包括甲骨、《资治通鉴》手稿、《赵城金藏》、敦煌遗书等馆藏宝贝后，欣然题词：“不为刀笔吏，愿作守藏吏”，以示其爱书之情。

中国最早被记载的守藏吏应该是老子。要言不烦的五千言《道德经》的写作，或许就是他当“国家图书馆馆长”的最大收获。虽然在《道德经》中，他主张“绝圣弃智”。

而今天的图书馆长和图书馆员，不能再仅仅是“守”了。今天的图书馆有更高的追求，被赋予更大的使命。

我们还记得100多年前，晚清大臣载泽一行在参观法国巴黎索邦大学图书馆看到“亦有女子来阅”时的讶异，记得郑观应对中国古代藏书“私而不公”的批评，记得梁启超对图书馆作为“公共教育机关”的期盼。

今天，图书馆被加诸“无墙的学校”、“国民终身教育场所”、“市民的第二起居室”等称号。一些人觉得它还应该成为文化娱乐中心。“教育”，是现代图书馆发展趋势中的另一个核心词汇。与大学不同的是，图书馆的教育是通过“服务”来体现的。

有墙的图书馆不仅没有消失，还被赋予了越来越多的功能，寄予越来越多的期望，正如图书中的“百科全书”。法国诗人马拉美说：“世界可以归结为一本好书之中。”这本书最可能是百科全书。那么，一个国家的国家图书馆，恐怕更被赋予百科全书式的想象。

在国家图书馆的“十一五”规划中，国图的定位是：国家总书库，全国书目中心，图书馆信息网络中心，图书馆发展研究中心，文献信息提供中心，图书馆合作交流中心和文化教育活动中心。

问题仍然是：这些图书和信息通过什么样的方式能够为“不分年龄、种族、性别、宗教信仰、国籍、语言或社会地位”的所有人平等享用?

2002—2003年，国家图书馆草创、参与了三项国家级工程。这就是“文化信息资源共享工程”，“送书下乡工程”和“中华再造善本工程”。国图分别是共享工程的草创者和国家中心，送书下乡工程的图书配送中心和再造善本工程的承办者。

三大工程的最终目的就是让从远古到今天的文化信息资源被国人分享，让那些多年来藏在“深闺”的珍本秘籍与更多的读者见面。国家图书馆承担了义不容辞的责任和工作。

印度著名的图书馆学家阮冈纳赞（1892—1972年），在1931年就提出了“图书馆五法则”：

第一法则——书是为用的；

第二法则——每个读者有其书；

第三法则——每本书有其读者；

第四法则——节省读者的时间；

第五法则——图书馆是一个不断生长的有机体。

阮冈纳赞的“五法则”被国际图书馆界誉为“我们职业最简明的表述”。

1995年12月，美国图书馆协会发表了《美国图书馆事业发展的十二条宣言》，列举了图书馆应做的十二项工作：

一、图书馆向市民提供信息的机会；

二、图书馆应消除社会的障碍；

三、图书馆是改变社会不公平现象的基地；

四、图书馆尊重个人的价值；

五、图书馆培育创造精神；

六、图书馆为儿童打开心灵的窗户；

七、图书馆的服务会得到社会的回报；

八、图书馆构建社会群体；

九、图书馆系紧家族的纽带；

十、图书馆激励每一个人；

十一、图书馆提供心灵的圣地；

十二、图书馆保存历史记录。

这十二条可以看出是对阮冈纳赞“五法则”的进一步细化和深化。在这里，图书馆不仅记忆历史，传承文化，用来进行公共教育，成为改变社会的重要力量，还要在个人和群体的心灵和精神提升中扮演至关重要的角色。

它是想象力和梦想生长的地方。

这无疑是对图书馆在现代社会中的作用与使命的延伸和扩展，因此也是对图书馆未来工作的挑战。

我们有理由设想，一个社会的品格，一个民族的品格，必然会在它的国家图书馆反映出来，在图书馆的藏书中体现出来。图书馆和它的书籍，无论是在实用的还是在象征的意义上，都界定了我们和我们每个人所在的民族和国家。

可以看出，图书馆不仅被用来进行公共教育，还要成为改变社会的重要力量。当然，这些目标主要还是要通过读者来体现。

近几年，国图立足“以人为本，读者至上”的服务理念，读者范围从大学三年级以上学生放宽为大学一年级，再放宽为18岁以上成年人，现在又对在京中学生分配一定数量的办证名额；从外埠读者需要出具担保书放宽到与在京读者一视同仁；从谢绝小朋友入馆到设立“少年儿童参观接待日”，并在分馆设立少年儿童多媒体阅览室；开辟残疾人通道，设置盲文阅览室。

举办形形色色的讲座：“文津讲坛”、“部级领导干部历史文化讲座”、“中国典籍与文化”系列讲座、“艺术家论坛”、“教育家论坛”、“科学家论坛”。

启动“文津读书沙龙”和“文津图书奖”的评选。

开展“世界读书日”和“全民读书月”活动。决定每年的9月9日为“国家图书馆日”。

还有一系列的展览：“文明的守望——中华古籍特藏珍品保护成果展”、“文明的传承——国家图书馆古籍影印出版成果展”，以及现代作家巴金、曹禺等的生平著述展。

这是2005年10月20日在国家图书馆馆藏珍品展示室举办的“永远的巴金——巴金生平著述展”。有意思的是，70多年前，巴金对北平图书馆多有批评。

1933年，巴金有三个月的时间几乎天天去北平图书馆看书。让他生气的是，不仅馆员的态度不好，而且他要的外文原版书都没有，而《新青年》、《新潮》等时新期刊都不成套。

他说：“我没有学过图书馆学，但是我也知道图书馆不是衙门，不是古迹，不是古董商店，不是养老院”。他理想中的图书馆是对读者大众设的。

解放后巴金将自己的外文书送给了北京图书馆。

2005年12月22日，首届“国家图书馆文津图书奖”评奖揭晓，在读者超过50万人次的网上参与下，9部图书获得殊荣。它们是：《B模式：拯救地球延续文明》、《城记》、《基因组：人种自传23章》、《历史学是什么》（“人文社会科学是什么”丛书）、《丧钟为谁而鸣：远东国际军事法庭审判纪实》、《世界遗产地图集·中国卷》、《我的野生动物朋友》、《游戏中的科学》、《中国知识分子十论》。

2007年12月22日，是首个国家图书馆读书周。拉开这个活动序幕的是一个展览：“安妮·弗兰克：历史的见证”。

安妮·弗兰克，一名13岁的德国犹太少女，为免于纳粹的迫害，被迫与家人躲藏在废弃的建筑里。从1943年至1944年，这名少女写下了一系列日记，使今天

■ 北京图书馆全景

的人们得以知道她和其他七名躲藏者与世隔绝的生活。

在1944年4月3日的日记中，她写道："进入了最艰苦的时期，因为我们得不到任何新鲜疏菜"；一个多月后的5月11日，她继续写："下星期，我必须读完《十字路口的巴勒斯坦》和《伽利略》的第二部分。昨天我读完了传记体的《查理五世皇帝》的第一部分。现在，我要根据书中摘出的材料画出一份皇室世系表。然后，我得把从各种书籍中摘下来的三页外文字，背出来写下，记在心上……"

书成了安妮两年零八个月囚禁般生活的亲密伴侣。读书，对于安妮，不仅仅是为了学习知识，而且给予她在绝境中生存下去的勇气和希望。而更直接的作用是，促使她拿起笔，记录下自己的生存状况。这就是今天我们看到的，包括中文在内已被译成55种文字的《安妮日记》。

就在同一时期，纳粹在奥斯威辛集中营的附近，位于伯克劳的桦树林中，建立了一个"家庭营"。"家庭营"中有一个"31号"分营，是专为儿童设立的，其目的是对外证明：遣送东方去的犹太人没有遭受屠杀。

“31号”住了500多个孩子，还有几个囚徒充当“顾问”。而就在这样严格的监视下，竟然有一个秘密的儿童书库。这个书库只有八本书，而且每晚要换一个地方藏起来。里面有威尔斯的《世界史纲》，一本俄文教科书，一本解析几何译本。保管人是一个年龄大点的女孩。

这个秘密的、流动的图书馆使得孩子们不仅能读到当时全德国都禁止的《世界史纲》，还能聆听不同的“顾问”背诵他们早年熟记于心的不同的图书。他们称之为“图书交流”。

后来，“家庭营”的孩子们只比大人们多活了六个月。而安妮·弗兰克在1945年被警察发现、带走送到集中营后，再也没有回来。

2005年5月，在国家图书馆二期工程的工地上，一间简易屋成为工人们下班后最喜欢去的地方。这是一间30平方米左右的屋子，里面陈列着十几个书架，架上是数千册各式各样的杂志：青年读物、文学期刊、农机维修、作物栽培、法律知识。这是北图专门为在工地施工的工人们设置的临时阅览室。

越来越多的像这样的普通读者感受到国图的转变：从被要求服务到主动提供服务，从被动承担到主动展示亲和力。在读者的眼里，国图越来越放下身段，与

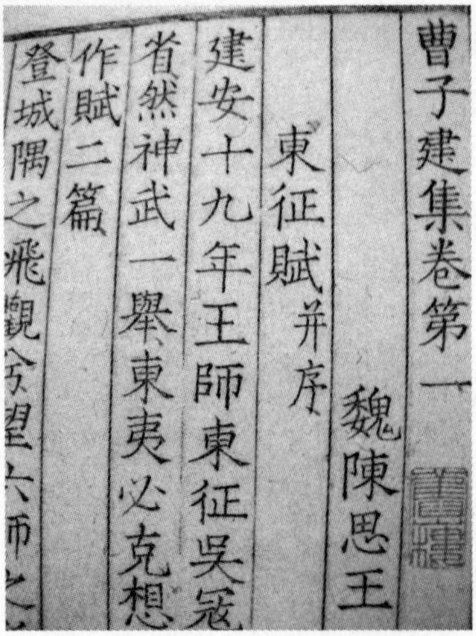

■《曹子建集》十卷，明铜活字印本

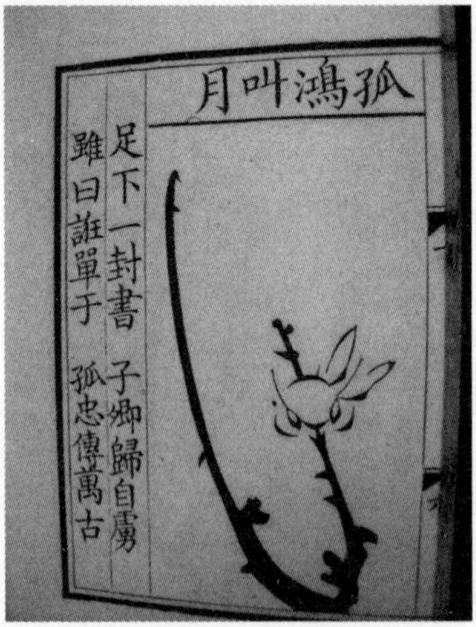

■《梅花喜神谱》二卷，清影印宋刻本

读者的距离是越来越近了。

2006年1月29日，是大年初一。这一天来到国图阅览的读者发现门口站着一批工作人员，恭候着迎接第一批读者。他们不知道其中有馆长詹福瑞。这一天，北方工业大学的金元怀和北京联大机械工程学院的张广华等20名读者还获得一份意外的礼物——文津图书奖的获奖图书。他们是因为读者卡尾号为2006而成为幸运读者的。

“真没想到，国图的服务工作会做得这么细致。”人们由衷地感慨。

2008年9月9日，中国国家图书馆迎来了一个具有特殊意义的时刻：经过近4年的建设，投资逾12亿元的二期工程暨国家数字图书馆正式开馆接待读者。整个外观造型犹如一本巨大的书，建筑面积80538平方米，主楼高27米，地下3层，地上5层。二期新馆设有读者座位近3000个，日均接待读者能力约8000人次。

步入新馆，首先吸引人眼球的是一部直通4楼的电动扶梯。这部电梯长28米，净高13.45米，是首都北京最高的无支撑扶梯。馆舍如同一个洒满阳光的天井，全开放式的阅览大厅宽敞、通透、明亮，570延长米的书墙环大厅四周，200延长米的环池连续阅览桌宽敞舒适，读者环池而坐可以方便地读书和使用便携式电脑。二期新馆建筑充分体现了人性化、数字化、智能化等特点，宽阔的空间、现代化设计、丰富的藏书、高科技设备都将令读者耳目一新。

经过第6次搬迁的《四库全书》将在国图二期新馆的标志性中庭内大方示人，透过两层的落地玻璃，所有到馆人员都可一睹它的真容。

新馆可以满足未来30年的藏书量，国家图书馆的建筑面积达到25万平方米，跃居世界上国家图书馆第三位；馆藏总量达到2600万册（件），居世界国家图书馆第五位，同时也成为世界上最大的中文数字信息保存基地与服务基地。

数字图书馆，是新馆的一大“亮点”。新馆工程共投资12亿元，其中国家数字图书馆建设花费了4亿元。如今，中国国家数字图书馆的资源已达到200TB（1TB=1024GB），其中自建的部分达到了130TB。这在世界上已是处于领先水平。

新馆照明度比老馆提升50%以上。整个建筑内部采取天井式的构造， 可以大面积采用日光。 新馆外墙及顶棚全部采用玻璃幕墙设计，阅览室可以利用从玻璃顶棚和30多个采光窗射进的光线采光，在正常情况下，白天可以完全不用电灯照明。如遇阴雨天气，分布于书架顶部暗墙内的日光灯可以保证阅读所需的照明度。

新馆将无线网络覆盖整个馆区，配置了400多台电脑，使读者可以随时使用数字资源。此外，为满足读者随时随地阅读、随心随意阅读的愿望，新馆还为读者提供手持电子书阅读器（一种便携式的手持电子设备，具有大屏幕的液晶显示器，内置芯片），每部阅读器内预装500本电子图书。而且，手持电子书阅读器可以通过USB接口，进入国家图书馆购买的电子图书资源平台，完成电子书资源下载更新。

国家图书馆形成一馆三舍的服务格局。

在新的时代要求下，国家图书馆对于读者的传统服务，要求做到精细化、个性化、人性化。用馆长詹福瑞的话来说，就是要做到“如影随形”：当读者需要提供咨询或者帮助时，工作人员会及时出现在读者面前；当读者不需要帮助时，工作人员要像影子一样消逝，从而给读者创造一种宽松、安逸的阅读环境。

国家图书馆的未来会是什么样？或者说，它如何在国人的生活、精神、情感的成长中定位自身？要回答这个前瞻性的问题，也许要回到最初的问题：我们为什么需要图书馆？或者更原初的问题：我们为什么需要书？

对这一问题的回答也许需要长篇大论。但最直接的答案不就在安妮·弗兰克和奥斯威辛集中营不知名的小读者的行动中吗？就如面包，书也是人类生活中的必需品，一为满足肉体需求，一为满足精神和情感需要。一部书籍的历史，就是人类超越动物阶段，寻求更高价值和意义的历史。书是如此渗入到我们生活的方方面面，以至于我们把自己所处的世界视为一本书。这样，生活就成了阅读的同义词。

1751年，狄德罗与达兰贝尔等人合编的《百科全书》（全称为《百科全书，或科学、艺术和工艺详解辞典》）出版。他在《百科全书》中的“百科全书”条目下这样解说：“《百科全书》的目的在于把分散在全球各地的知识集中起来，系统地呈现在后世子孙之前，使数百年前的辛劳成果在数百年后继续发挥作用……但愿此《百科全书》能够成为保护知识的庇护所，使其不受时间与变革的侵害。”

不用说，这也是古老的东方帝国——中国的朝廷一再编纂、缮写《太平御览》、《永乐大典》、《古今图书集成》、《四库全书》的原因了。

《百科全书》的理想也就是很多年来图书馆的理想。每所图书馆，从小至一己一家之收藏，大至一国之搜罗，都有一个野心或梦想：包罗万象。

被称为“作家中的作家”的阿根廷作家博尔赫斯在他的小说中创造了一个人

物，他企图建立一个完美无缺的图书馆，把世界万物的知识包括在内。而博尔赫斯自己，这个失明的阿根廷国家图书馆馆长，也把宇宙称为一本书，又把天堂想象为“一所图书馆的形状”。

博尔赫斯的灵感也许来自世界上最大的图书馆——埃及亚历山大图书馆。

据说，埃及国王托勒密一世为了建立一所包罗万象的图书馆，收藏全世界所有人写的所有的书（据国王身边的学者说，大概有50万卷），写信给“大地上所有的君主和长官”，请求他们寄来每一个作者写出的每一种书：“诗人和散文家，修辞家和诡辩家，医学家和占卜家，历史学家及其他种种。”他还下令：任何运到亚历山德里亚港口的书籍都必须上缴、誊抄，然后再奉还。

今天，我们既不知道古埃及亚历山大图书馆的形状，也不知道它是何时消失的。一个通常的说法是，它毁于一场大火，来自世界各地的图书当然也灰飞烟灭了。但是，图书馆却没有在我们的记忆中被抹去。

2002年10月16日，埃及亚历山大图书馆举行盛大的新馆开馆仪式。这意味着

■《李卓吾先生批评忠义水浒传》一百卷，明刻本

《目连救母》，明抄彩绘本

古老的亚历山大图书馆的复活。这期间隔着两千多年。

新亚历山大图书馆耗资2.2亿美元，800万藏书来自世界各地。与2000多年前不同的是，现在的馆藏包括不少影像资料和数字资源。

追求不朽，无所不知。这是老亚历山大图书馆的目标，也是后来所有的图书馆的梦想。这也是人类的梦想。

所以人类的梦想有多远，图书馆的边界就有多宽。

我们需要图书馆也和我们想理解我们身边的日常世界有关。图书馆通过呈现众多过去的、现在的不同世界，指点我们进入现实世界的途径以及种种可能性。

但图书馆的世界不是“真实的世界”本身。无论是保存记忆、延续过去，还是指点途径、传递经验，它都要通过一个途径——阅读来进行。

今天，我们的社会已经不再把阅读视为必不可少的成长途径，也不把它视作一种危险的、颠覆性的活动。今天的阅读更多成为一种附带的消遣，或者一种娱乐。

2006年第四次全国国民阅读调查显示，我国国民阅读率连续6年持续走低，国民的阅读率首次低于50%，国人中有读书习惯的读者只占到5%左右。每人每年平均阅读量只有4.5本，远低于犹太人的64本、前苏联人的55本和美国人的50本。

有一天，当整个图书馆的图书都能够集中在一张硬盘上，但是没有人去读，那也就离图书馆的消亡不远了。在数字化的时代，读，还是不读，是我们面临的首要问题。说到底，图书馆的作用就是通过在书籍与公众读者之间建立身体和智力情感的联系，说到底，图书馆的作用就是将别人的、前人的经验通过文字（和图像）的魔力变成所有人的经验。图书馆的“服务”或“教育”的最终目的无非都指向这里。这既是图书馆的光荣，也是它的梦想，是比藏尽天下书的梦想更大的梦想。

2009年9月9日，国家图书馆迎来了它的百岁诞辰，从京师大学堂到国家图书馆，从居无定所到动人心魄的新馆，从藏书十几万到2300多万，100年的路可谓颠沛起伏，载沉载浮。它是中华民族百年奋斗历程的缩影。有着数千年历史文化传统积淀，又处在一个新的伟大变革时代的中国国家图书馆，任重而道远，必将迎来一个更加辉煌灿烂的明天。

镇馆之宝：国图秘藏选录

殷墟甲骨

题名	殷墟甲骨
简介	被誉为20世纪四大发现之一的甲骨文，集文献性、文物性、收藏性于一身，是考证我国商朝晚期不可多得的珍贵史料。国家图书馆甲骨珍藏有以下特点：其一是收藏数量多，总计有35651片。其二是来源广，有罗伯昭、孟定生、罗振玉、郭若愚、胡厚宣、刘体智等私人的旧藏，也有“庆云堂”、“尊古斋”、“粹雅堂”等古董店铺的旧藏。其三是多位知名学者研究过国图的部分甲骨，如郭沫若先生、胡厚宣先生、陈梦家先生、罗福葆先生、罗福颐先生。其四是资料性强，即多寡不同的涵有武丁至帝乙、帝辛五期的甲骨。其五是甲骨整理工作周期长，馆藏拓片整体出版的时机已成熟，馆藏甲骨自20世纪50年代入馆珍藏以来，整理工作就没有停止过。甲骨传拓工作已于2005年底完成。其六是保存条件好，即每块藏品都有囊匣且在恒温恒湿环境下保存。国家图书馆对金石文献系统收藏于1929年，迄今已集拓片、实物、书籍、画册13万多种，26万多件，其中3000多年前的甲骨35651片，约占目前全国发现甲骨总数的1/4，全部为国家一级藏品。国图所藏35600多片

甲骨，其中被《甲骨文合集》收录的仅有8000多片，其余均为从未发表过的原始资料。在馆藏甲骨中，刘体智（1879—1963年）的旧藏最多，共有28450片，是国内外甲骨私藏中的最大藏家之一。这批甲骨是在1953年的夏天售归当时的中央文化部文物局的。1958年又由该局拨交给北京图书馆（现国家图书馆）。这28450片甲骨被分装在150个拉盖式木盒中，木盒盒身选用上好的红木制作，配以红木作框、核桃木作心的盒盖，显得十分雍容华贵，光彩夺目。至于它的收藏价值和珍贵程度诚如郭沫若先生所说："刘氏体智所藏甲骨之多且精，殆为海内外之冠。" 其中珍品一为北图12789号，这是一片非常著名并被称为"四方风"的，内容为天象的兽骨，该骨属殷商武丁时期（前1250—前1192年）刻辞，骨面有刻辞4段，应为28字，实为24字，是有关四方神及风神的记载。最初有的甲骨学者对这片被称为"四方风"的牛肩胛骨是真品并不认同，认为它是一片伪刻牛肩胛骨，其原因是该骨最早的拓片只拓了有字部分，并没有拓出该骨的全部形状，加之刻辞而非卜辞，也就是说骨的背面没有施以钻凿的痕迹。拓片没有拓全，又没有钻凿痕迹可作参考的情况，给正确判断该骨的真伪程度增加了难度，进而导致甲骨学者对该骨作出了错误的判断。之后经过胡厚宣先生考证，认为该骨字体遒整，文气古奥，文理通达，与杜撰不同，应属武丁时期刻辞。甲骨卜辞中多有四方的记载，如"……北方受禾。西方受禾。……"（北图14463号）又如，人们所熟知的青龙、白虎、朱雀、玄武也寓意着东南西北四方，这里的东南西北四方只是含有方向之意。在我国古文献及古文字资料中方位神与风神神话是明显不同的两个系统：春秋战国以来的方神是与四方四季加中央土相成的五方帝和五方神，殷墟甲骨文则为四方神和四方风神，四方神和四方风神各有其名。"四方风"刻辞是把四方与时节相编配并参照草木禾谷生长的特点衍生出的析、夹、夷、宛四方神名，象征着草木禾谷春萌生、夏长大、秋成熟、冬收藏。在四方神名后面依次有风曰协、风曰微、风曰彝、风曰役。这是根据四方风在不同时节的特征而命名风神名的。风曰协，是指和煦之风。风曰微，是指微弱之风。风曰彝，是指大风。风曰役，是指烈风。在3000年前人们崇尚鬼神、相信万物有灵的时代，能够对四方神名和四方风神给予准确的命名，无疑对国家的征伐、狩猎、畜牧、农事、灾害、疾病、祭祀等事带来潜移默化的影响。其珍品二为北图5405号，这是一块内容为卜雨的整肩胛骨。该骨属殷商时的武乙、文丁时期（前1147—前1102年）卜辞，全骨有卜辞24段，正反面共有218个字，其中正面196字，反面22字；有长凿圆钻51个；骨长43.5厘米，宽24厘米。它不仅是刘体智所藏甲骨，而且也是中国国家图书馆馆藏甲骨中，更是国内外所见字数最多、尺寸最大、最完整的一块兽骨之王。在甲骨卜辞中卜雨的记载很多，但是像这块以整版记载卜雨，且具备以上几个之“最”的实属不多。该骨上有长凿圆钻51个，其中的小圆钻，钻深而且小，直径在0.3厘米至0.4厘米之间，沿圆钻边缘微见灼痕。其长凿最小者为0.4厘米，最大者为1.6厘米。有的凿钻无烧灼的痕迹。如此珍贵的钻凿形态留存在整版的肩胛骨之上，是我们开辟研究甲骨背面钻凿形态新领域不可多得的珍宝。

出处　　胡辉平，《殷墟甲骨发现的历史和秘密》

敦煌文献

题名	敦煌文献
相关信息	敦煌文献（总论）《妙法莲华经》 国际敦煌项目（IDP）
简介	1900年在甘肃敦煌鸣沙山莫高窟发现古卷轴2万卷，有中国现存最古的刻本、写本书、古代绘画。1907—1908年，先后被英国斯坦因和法国伯希和盗取精华1万卷，剩余8000卷多为佛经，由甘肃省移交北京图书馆。唐武则天元年（695年）的敦煌写经，经文书写恭正，富有古韵，虽历经千年，纸张仍保护完好。此卷为公元7世纪武则天时期写本，书法极为工整秀丽，并使用创新字，非常珍贵，是国图收藏最早的古籍善本之一。2000年前后，英国国家图书馆发起了国际敦煌项目，全世界收藏有敦煌文献的主要图书馆，将敦煌文献和敦煌研究文献数字化，大部分已经在因特网上可以查阅。100000多件来自敦煌和丝绸之路上的写本、绘画、纺织品及器物的信息和图片，都可在因特网上免费使用。国家图书馆作为参加单位之一，把馆藏敦煌文献和相关研究文献数字化，在网上提供服务。
出处	①冀淑英，《中国古代书籍的发展》，《北图通讯》1979年第1期，第65—66页 ②国家图书馆善本特藏部编，《国家图书馆藏珍贵革命历史文献图录》

赵城金藏

题名	赵城金藏 六千九百八十卷
相关信息	金皇统九年至大定十三年（1149—1173年）解州天宁寺刻本
简介	金代刊刻的一部佛教藏经，以我国第一部木刻版汉文大藏经《开宝藏》和少部分《契丹藏》为底本，由民间集资刊刻而成。1932年被学术界发现，受到学术界和佛教界的极大重视。1937年抗战爆发后，广胜寺住持组织将《赵城金藏》转移到飞虹塔内封存。1942年日本企图抢夺《赵城金藏》，在八路军配合下将其转移，当时藏在一个废弃的煤矿坑中，因保存环境恶劣，长期受潮发霉，像木炭一样。1949年4月，原保存在山西赵城广胜寺的佛教经典，辗转从涉县境邯郸运到北平图书馆。尚存4330卷又9大包，42箱。国家图书馆在接收《赵城金藏》后，组织专业修复人员进行修复，4个工作人员花了15年时间，才全部修复完毕。
出处	①杜伟生，《〈赵城金藏〉修复工作的得与失》 ②国家图书馆古籍馆编，《国家珍贵古籍特展》

永乐大典

题名	永乐大典 二万二千八百七十七卷
作者	（明）解缙等辑
相关信息	明嘉靖内府录副写本
简介	《永乐大典》是世界上最早、篇幅最大的百科全书，明成祖永乐元年（1403年）开始纂修，永乐五年（1407年）完成。修纂期间，共用正总裁3人、纂修347人、催纂5人、编写332人、看样57人、誊写1381人、续送教授10人、办事官员20人。全书规模浩大，包罗万象，共计22870卷，11095册，3.7亿多字。《永乐大典》成书后，并没有完整地留传下来，大部分已经散失，现在留在国内的大约只有原册数的3%。《永乐大典》编著完成后，永乐皇帝就想刊印，只是因为所需费用太大，朝廷无力支持才只得作罢。永乐十九年（1421年）明朝移都北京，此书也随着入京。为防止意外，嘉靖四十一年（1562年）抄录副本一部，完成后，正本贮藏于文渊阁，副本贮于皇史宬。到了清代，《永乐大典》正本移入乾清宫，副本入翰林院。嘉庆二年（1797年），乾清宫失火，正本被烧，自此仅存副本。1900年八国联军入侵北京，《永乐大典》大部分遭侵略者焚毁，剩下的多被劫掠，今国内外所存约计400册，国家图书馆善本部现存《永乐大典》161册。从1912年残存的60册《永乐大典》入藏京师图书馆，到1983年山东掖县的1册《永乐大典》采入善本库，馆藏《永乐大典》达到221册，其中国家调拨、藏书家的无私捐赠和苏联、德国等友好国家的主动归还是现存《永乐大典》重新聚首的重要保障。
出处	陈红彦，《国家图书馆〈永乐大典〉收藏史话》

文津阁四库全书

题名	文津阁四库全书 七万九千三百九卷
作者	（清）永瑢、纪昀等纂修
相关信息	清乾隆内府写本
简介	成书由清高宗弘历下令编撰，收入古今图书3470种79018卷，缮写7部，故宫文渊阁、圆明园文源阁、承德文津阁、沈阳故宫文溯阁、镇江文宗阁、扬州文汇阁、杭州文澜阁各藏一部。后因1900年八国联军入京焚掠圆明园烧毁了文源阁那一套，文汇阁和文宗阁两套也毁于战火，文渊阁那一套在解放前运往台湾，大陆有国图收藏的文津阁一套，文溯阁一套现存于甘肃省图书馆。文津阁《四库全书》，1915年由承德运至北京，移交北京图书馆，全书36304册，6144函，按照经、史、子、集四大类，用绿、红、蓝、灰四色绢装成，保持原架，书架上有乾隆的题词。该书在国家图书馆三次搬迁，1931年迁入北海古籍馆，1987年迁入白石桥一期新馆，2008年9月全部迁入白石桥二期新馆，藏书环境不断改进。

十竹斋笺谱初集

题名	十竹斋笺谱初集
作者	（明）胡正言辑
相关信息	明崇祯十七年（1644年）胡氏十竹斋刻彩色套印本
简介	明胡正言辑选。明崇祯十七年（1644年）南京胡氏十竹斋刻彩色套印本，8卷，分装16册，开化纸，蝴蝶装。书中画稿署名下皆钤印。全谱分《书画册》、《石谱》、《翎毛谱》、《竹谱》、《墨华册》、《梅谱》、《果谱》、《兰谱》各一卷。每类40幅，一图一文，可对照以观。《十竹斋书画谱》原版初印本特点是用开化纸，传世极少，在古籍版本中居重要地位。此谱行世者，多为清代翻刻复制，以棉纸刊印本居多。国家图书馆所藏这部《十竹斋书画谱》为郑振铎先生所藏，兹选照四幅。取自《书画谱》二副为高阳《菱藕莲宝》（钤有“高阳之印”白文方印及另外白文、朱文方印二方），以及凌云翰《秋海棠等花草》（钤有“五云”朱文方印）。取自《墨华谱》二副为高友《玉兰海棠》（款其《高友》，钤有“高友之印”白文方印），以及胡正言“云芝草石”（款其“胡正言写”，钤有“曰徒”白文长方印）。
出处	古籍馆，赵前提供

千家诗

题名	千家诗
简介	南宋末年谢枋得对原有《千家诗》有所整理增删，成为谢枋得编辑的《千家诗》。从此《千家诗》有两种版本并行于世。这个版本是把谢枋得编辑的七言《千家诗》和清人王相补选的五言《千家诗》合编在一起，收唐朝诗人71家143首。谢枋得注《千家诗》影响甚著，历代广为习诵。此明代内府彩绘插图本，用纸精良，开本宏朗，上图下文，诗与图相得益彰。图画以天然矿物质颜料饰绘，色彩鲜明，匠心独运。手绘工致，图文并茂，为明代彩绘本中之佼佼者。海峡两岸图书馆各收一册，国图收藏下册，台湾收藏上册。

升平署脸谱

题名	升平署脸谱
简介	清内府书画处书画人绘。无年月，应绘于清咸丰同治年间（1851—1874年）。绢底彩绘本。两册，共97幅画，册页装。升平署位于北京市南长街南口路西，清初称为“南花园”，系宫廷种植花木、栽培盆景之处。《升平署戏曲人物画册》是中国京剧人物扮相写真集。书册虽无文字记载年代，应为清咸丰同治间宫廷画师作品，此画册绘制非常精细，是属于帝后所用之“御赏物”，而并不是为演员以及管理戏箱员当借忘录。该谱具有很高的艺术和资料价值，是研究京剧早期穿戴、脸谱的珍贵资料。
出处	胡广俊编著，《中国国家图书馆善本特藏精品选录》

资治通鉴残稿

题名　资治通鉴残稿 一卷跋

作者　（宋）司马光撰

简介

宋任希夷、赵汝述、葛洪、程珌、赵崇龢，元柳贯、黄溍、宇文公谅、朱德润、郑元祐题跋。

宋司马光撰。宋绍兴二年（1132年）至三年（1133年）两浙东路茶监司公使库刻本有“顾从德”、“振宜之印”、“徐建庵”、“天禄琳琅”等藏印。《资治通鉴》共294卷，是中国历史上最富史料价值的一部编年体史书。此稿系司马光（1019—1086年）手写的《资治通鉴》原稿。共计29行，460余字。自东晋元帝永昌元年（322年）正月王敦将作乱起，至同年十二月慕容遣子入令支而还止。每段史事只写开端一二字或四五字，以下接“云云”二字。史称“资治通鉴”，初名“通志”，仅8卷，宋英宗时置局秘阁，重新编辑，元丰七年（1084年）书成，神宗赵顼取名“资治通鉴”。 卷后有宋任希夷、赵汝述、葛洪、程珌、赵崇龢，元柳贯、黄溍、宇文公谅、朱德润、郑元祐题跋。据《珊瑚网》及《式古堂书画汇考》著录，原稿后尚有韩性、吴莱、甘立三跋，清乾隆间《石渠宝》著录时韩性等三跋已佚。卷中有岐国汝述明可图籍、尚宝少卿袁氏忠彻印、项元汴印、墨林项季子章、子京父印、子京珍、梁清标印、蕉林玉立氏图书、棠审定及三希堂精鉴玺等印。可知明代由袁忠彻、项元汴递藏。清初为梁清标所有，以后入藏内府。今藏北京图书馆。

唐女郎鱼玄机诗

题名　　唐女郎鱼玄机诗

作者　　（唐）鱼玄机撰

简介　　鱼玄机，唐代女诗人，字幼微，一字蕙兰，长安（今陕西西安）人，生卒年不详。咸通中，为补阙李亿妾，以李妻不能容，出家于长安咸宜观为女道士。后因杀侍婢绿翘，为京兆尹温璋处死。国家图书馆藏《唐女郎鱼玄机诗一卷》。《唐女郎鱼玄机诗一卷》是宋临安府陈宅书籍铺刻本，黄丕烈、顾莼、潘奕隽跋并题诗，曹贞秀、吴嘉泰、瞿中溶、戴延介、孙延、董国华、袁廷梼、徐云路、夏文涛、释达真、女道士韵香、陈文述、石韫玉、徐渭仁题诗，李福、归懋仪题词，朱承爵、沈寀、王芑孙、潘遵祁、盛昱题款。有“项元汴印”、“士礼居藏”、“寒云心赏”等藏印。江泽民主席1998年视察国家图书馆时，曾观看了馆藏的马克思致女儿燕妮的书信原件和恩格斯给拉法格的书信原件。在唐代女诗人鱼玄机诗集原件前，江泽民驻足停留，娓娓道出鱼玄机诗作一首。

欧阳文忠公文集

题名	欧阳文忠公文集 十卷
相关信息	宋庆元二年（1196年）刻印

简介

宋刻本中的代表作之一。出版者周必大是江西版刻名家，全书在校、写、刻、印、纸、墨等各方面都很考究。

欧阳修（1007—1072年），北宋时期政治家、文学家、史学家和诗人，字永叔，号醉翁、六一居士，吉州永丰（今属江西）人，自称庐陵人，因吉州原属庐陵郡。天圣进士。仁宗时，累擢知制诰、翰林学士；英宗时，官至枢密副使、参知政事；神宗朝，迁兵部尚书，以太子少师致仕。卒谥文忠。其于政治和文学方面都主张革新，既是范仲淹庆历新政的支持者，也是北宋诗文革新运动的领导者。又喜奖掖后进，苏轼父子及曾巩、王安石皆出其门下。创作实绩亦灿然可观，诗、词、散文均为一时之冠。散文说理畅达，抒情委婉，为“唐宋八大家”之一；诗风与散文近似，重气势而能流畅自然；其词深婉清丽，承袭南唐余风。曾与宋祁合修《新唐书》，并独撰《新五代史》。又喜收集金石文字，编为《集古录》。有《欧阳文忠公文集》、诗歌《踏莎行》。欧阳修死后葬于开封新郑（今河南新郑），新郑市辛店镇欧阳诗村现有欧阳修陵园，是国家级文物保护单位。

欧阳修作品集名，因欧阳修死后谥号为“文忠”，故名。共153卷，附录5卷。其中《居士集》、《易童子集》、《外制集》、《内制集》、《表奏书启四六集》、《奏议集》等114卷，《归田录》、《诗话》、《长短句》等19卷，《集中录跋尾》10卷，书简10卷。前附年谱，后附行状、墓志、传文等5卷。书中《居士集》为作者晚年自己编定，其余都是南宋周必大编定的。

文苑英华

题名 文苑英华

简介

被称为宋四大类书之一，保留了宋代的蝴蝶装原有装帧形式，1995年嘉德秋季拍卖会上这部书的另一册，在当时文化界、新闻界和收藏界引起极大轰动。然而此书最终并未回归故里，令国人遗憾。国图收藏其中的一部。

北宋四大部书之一，文学类书。宋太宗赵炅命李昉、徐铉、宋白及苏易简等20余人共同编纂。太平兴国七年（982年）开始，雍熙三年（986年）完成。宋真宗赵恒时曾进行几次修订。宋孝宗赵昚时又命专人作了校订，最后经周必大、胡柯和彭叔夏复校，于嘉泰元年（1201年）开始刻版，四年完工。这个宋刻本现在仅存残本。全书1000卷，上继《文选》，起自萧梁，下讫晚唐五代，选录作家2000余人，作品近20000篇，按文体分赋、诗、歌行、杂文、中书制诰、翰林制诰等39类（如把谥册和哀册合并则为38类）。每类之中又按题材分若干子目，如赋类下分天象、岁时、地、水、帝德、京都等42小类。书中约1/10是南北朝作品，9/10是唐人作品，多数是根据当时流传不多的抄本诗文集收录的，保存了不少有价值的文献资料，校记里还附注有别本的异文，可以用以辑补校勘唐人的诗文集。清朝纂修《全唐诗》、《全唐文》和《四库全书》时，都曾用作参考。《文苑英华》中收录不少诏诰、书判、表疏、碑志，还可以用来考订史实。本书流传不广，明嘉靖四十五年（1566年），胡维新等根据传抄本重新刻印。1966年中华书局用宋刻本140卷和明刻本860卷配齐影印，并附录了彭叔夏的《文苑英华辨证》及劳格的《文苑英华辨证拾遗》。

神策军纪圣德碑

题名 神策军纪圣德碑

相关信息 北宋拓唐（碑帖）

简介

在国家图书馆善本部所藏碑拓中，宋拓《神策军碑》是最具传奇色彩的珍品。

唐朝自德宗之后，宦官掌管禁军——神策军，专权局面逐渐形成。此前，武宗之兄文宗曾命朝官谋划“甘露之变”，从而引发了朝官和宦官的激烈冲突，文宗也因此被宦官软禁。武宗是宦官仇士良所立，因此武宗决定巡视左神策军，其用意在于向宦官示好，而仇士良也正好顺从圣意进而请求建立颂圣德碑以回应。神策军碑因此而立。

神策军碑的碑文记录了回鹘汗国灭亡及安辑没斯来降等事，本身就具有重要的历史价值。而此碑由翰林学士承旨崔铉撰文，集贤院学士判院事柳公权书写，更增添了此碑的艺术价值。柳公权书写的碑文，其书法结构严整，充分体现了“柳体”楷书骨骼开张、平稳匀称的特点，加之此碑刻工精良，拓本与真迹无异，故后世奉为柳书代表作。

依惯例，此碑拓本曾颁赐群臣，但流传不广。原碑大约毁于唐末战火，后世也便无从传拓了，至今仅有国家图书馆现存的孤本传世。北宋末期，赵明诚在《金石录》中曾著录有一种分装两册的《神策军碑》拓本，这与国图馆藏恰好相同。因此，历来猜测此本曾经由赵明诚、李清照伉俪珍藏。遥想当年承平之日，赵明诚、李清照以诗书、金石自娱，摩挲赏玩的珍品中也有这件《神策军碑》拓本，真是令人神往不已。

赵氏收藏经靖康战火而损失大半，劫余又流入权势之家。国家图书馆珍藏此拓首有“秋壑图书”朱文印，后有“封”字朱文印，知为南宋权臣贾似道所藏；后贾氏家产查抄入官，此拓成为南宋皇室藏品。今拓本为宋代内库装裱，大约重装于此时。元朝灭宋，归翰林国史院，钤有“翰林国史院官书”楷书朱文印。明代洪武六年（1373年）收入内库，拓本末题有“洪武六年闰十一月十八日收”泥金小字一行。不久朱元璋赐给其子晋王朱㭎，故首尾皆有“晋府书画之印”、“晋府图书”朱文印。明末，归大收藏家孙承泽。清代又经梁清标、安岐、张蓉舫、陈介祺等递藏。

此拓原本上下两册，不知何时失去下册。清乾隆时安岐《墨缘汇观》记载上册尚全，原有56页。至清末陈介祺后人转让此拓时，发现第42页之后丢失两页，仅余54页。民国时，经南方著名藏书家陈澄中收藏。1949年，陈澄中夫妇携部分珍贵藏书定居香港。两年后，传言陈氏将出售藏书，并有日本人意欲收购的消息。时任文化部文物局局长的郑振铎获悉后，决定不惜重金将这批珍贵古籍购回，当即通过香港《大公报》费彝民社长和收藏家徐伯郊会同国家图书馆版本目录学专家赵万里与陈氏洽商，直到1965年成功地购回了“郇斋”所藏的善本，入藏当时的北京图书馆，其中就有《神策军碑》。现在，作为稀世珍宝，《神策军碑》仍藏于国家图书馆书库中。

昌黎先生集

题名	昌黎先生集 四十卷 外集十卷 遗文一卷 朱子校昌黎先生集传一卷
作者	（唐）韩愈撰 （宋）廖莹中校正
相关信息	宋咸淳廖氏世彩堂刻本
简介	宋版书中的上品，两集向称双璧。20世纪50年代，陈氏出售藏书时，在周恩来亲自过问关怀下成功从香港购回。韩愈（768—824年），唐代文学家、哲学家。字退之。河南河阳（今孟县）人，郡望昌黎，世称韩昌黎。因官吏部侍郎，又称韩吏部。谥号文，又称韩文公。韩集古本，以南宋魏怀忠《五百家音辨昌黎先生文集》、《外集》为最善；廖莹中世堂本《昌黎先生集》、《外集》、《遗文》（明徐氏东雅堂翻刻）最为通行。清代顾嗣立、方世举各有诗集单行注本。今人钱仲联《韩昌黎诗系年集释》是另行系年的集注本。另外，为韩集作校勘或补注而不列正文者，有宋方崧卿、朱熹，清陈景云、王元启、沈钦韩、方成和今人徐震。年谱以宋洪兴祖《韩子年谱》最为详备。赵翼《瓯北诗话》、方东树《昭昧詹言》、林纾《韩柳文研究法》中有关部分，是评论其诗文的代表著作。

天工开物

题名	天工开物
作者	（明）宋应星撰
简介	宋应星（1587—1661年），字长庚，奉新县宋埠镇牌楼村人。明末清初科学家。《天工开物》初刊于1637年（明崇祯十年），是中国古代一部综合性的科学技术著作，有人也称它是一部百科全书式的著作，外国学者称它为“中国17世纪的工艺百科全书”。作者在书中强调人类要和自然相协调、人力要与自然力相配合。《天工开物》对中国古代的各项技术进行了系统的总结，构成了一个完整的科学技术体系。对农业方面的丰富经验进行了总结，全面反映了工艺技术的成就。全书分为上中下3篇18卷，并附有121幅插图，描绘了130多项生产技术和工具的名称、形状、工序。明崇祯十年（1637年）自刻本，有“墨澥廛珍藏书书钤印记”等藏印。

河东先生集

题名	河东先生集 四十五卷外集二卷
作者	（唐）柳宗元撰 （宋）廖莹中校正
相关信息	宋咸淳廖氏世彩堂刻本（卷三至五、十配明影宋刻本） 朱彝尊跋

简介

《河东先生集》，柳宗元文集，为刘禹锡所编，宋初穆修始为刊行。柳宗元一生留下600多篇诗文作品，其诗多抒写抑郁悲愤、思乡怀友之情，幽峭峻郁，自成一路。最为世人称道者，是那些清深意远、疏淡峻洁的山水闲适之作。文的成就大于诗。其骈文有近百篇，不脱唐骈文习气，但也有像《南霁云睢阳庙碑》那样的佳作。《四库全书》所收宋韩醇《诂训柳先生文集》45卷、外集2卷、新编外集1卷，为现存柳集最早的本子。宋童宗说音注、张敦颐音辨、潘纬音义的《增广注释音辨唐柳先生集》43卷、别集2卷、外集2卷、附录1卷，有《四部丛刊》影元刊本，为现行影印本之最早者。宋童宗说注《新刊增广百家详补注唐柳先生文集》45卷，宋建州刻本，现藏北京图书馆。宋魏怀忠编注《五百家注音辨柳先生文集》21卷、外集2卷、新编外集1卷、《龙城录》2卷、附录8卷，有《四库全书珍本初集》影印文渊阁本。宋廖莹中编注《河东先生集》45卷、外集2卷、补遗、附录等，为宋人注本中最后的一种，有□隐庐影印宋刻世□堂本，中华书局上海编辑所曾据以排印，上海人民出版社有重印本。明蒋之翘辑注《柳河东集》45卷、外集5卷、遗文、附录等，虽采辑旧注，中多蒋氏自注的部分；有明三径藏书刻本、《四部备要》排印本。

大德重校圣济总录

题名　大德重校圣济总录 二百卷

作者　宋徽宗赵佶敕撰　元太医院重修

相关信息　宋徽宗政和年间（1111—1118年）

简介

宋徽宗赵佶敕撰，元太医院重修。元大德三年至四年（1299—1300年）江浙等处行中书省刻本（杭州）。每半页八行，行十七字，四周双边。版心细黑口，上记大小字数，下记刻工姓名。框高22.8厘米，宽19.2厘米，蝴蝶装。《圣济总录》二百卷，北宋政和年间（1111—1118年），徽宗昭示天下，广进医方，组织医官整理辑录，并同御府所藏，编次成书，题名《政和圣济总录》，简称《圣济总录》。此书撰写历时七年（1111—1118年），卷帙浩繁，近200万字，辑方约2万首，分200卷。本书首列运气、叙例、治法等项，相当于全书的叙论；以后自“诸风”起至“神仙服饵”止，共分66门。每门之中，又分若干病症，每一病症先论病因病理，次列方药治疗，内容十分丰富，集宋以前医方之大成，堪称宋代的医学全书。该书以病分门66类，每门立论，以论御方，条理清晰，词语简明。对后世研究中医基础理论和临床证治，均有重要参考价值。此书篇幅浩大，刊刻不易，所以传本较少，清程林曾据此书撰《圣济总录纂要》26卷，以便流行，可为了解此书全貌之参考。《政和圣济总录》成书不久，因遭靖康之变，被携往北地，致使南宋医家不易见到，因而南宋名家所著医书很少引用本书内容。据现有文献记载：本书较早的两次重刊，一为金大定年间（1161—1189年），一为元大德三年至四年（1299—1300年）。《大德重校圣济总录》是该书现存最早的刊本，首有宋徽宗《政和圣济总录序》、元大德四年（1300

年）二月一日集贤学士、嘉议大夫、典瑞少监焦养直“大德重校圣济总录序”。据焦养直序“……故《圣济总录》由是而作焉。……惜其始成于政和，重刊于大定，既绵历百年之久，不能无三豕之讹。今主上神极御天，修饰制度，治具毕张，以为是书所载，虽先圣之绪余，其所以康济斯民，亦致治之一助也。乃诏江浙行省刊于有司，布之天下”，又卷末“大德二年（1298年）七月内赍擎圣旨驰驿前来江浙等处行中书省开读雕造《大德重校圣济总录》……江浙等处行中书省大德三年（1299年）九月内钦奉圣旨刊造《大德重校圣济总录》，至大德四年二月内毕工……”又有相关官员衔名俱列，可知该书是江浙等处行中书省于大德三年九月重刊。此书幅广行疏，字画方整，与宋代浙本风格相似，是元代官刻本中的精品，保存了珍贵的蝴蝶装。版心下所记刻工名有：高茂之、杨春、尹季二等。该书现今已无全本，国家图书馆藏四部残本。另据《中国古籍善本书目》著录，中国医科大学图书馆、沈阳市图书馆也藏此书，亦均为残本。

宋版陶渊明集 陶靖节先生诗注

题名 宋版陶渊明集、陶靖节先生诗注

简介 在国家图书馆藏琳琅满目的古籍善本中，有两种引人注目的藏品：南宋刻递修本《陶渊明集》和宋汤汉注南宋刻本《陶靖节先生诗注》。两书在各自现存的版本系统中，都是最早、最好的版本，具有极高的版本价值和资料价值，所以藏书家历来珍视两书的聚合。对于藏书史上这两种著名的宋刻陶集，人们往往津津乐道藏书家周春购买汤注陶诗的曲折经历以及黄丕烈“陶陶室”的典故，对两书的整个递藏源流，却提及不多。焦从海先生《陶陶室藏宋版陶集聚散流传考》（载《文献》1985年第3期）介绍了这两部宋刻本在黄丕烈以后的收藏情况，但未提及黄丕烈以前两书的所属，而且焦从海先生对其所援引的资料出处并未详加说明。陈杏珍先生《宋刻陶渊明集两种》（载《文献》1987年第4期）在着重考证版本的同时，简介了两书的递藏情况。1942年，周叔弢估计当时的形势，认为再收善本书恐怕不易，开始计划将所藏古籍善本捐赠给国立图书馆，他在手定的书目上写下几句留给子孙的话：“生计日艰，书价益贵，著录善本或止于斯矣。此编固不足与海内藏家相抗衡，然数十年精力所聚，实天下公物，不欲吾子孙私守之。四海澄清，宇内无事，应举赠国立图书馆，公之世人，是为善继吾志。倘困于衣食，不得不用以易米，则取平值也可。勿售之私家，至作云烟之散，庶不负此书耳。”1952年，周叔弢将他藏书中的最精品——宋元明刻抄校本书，共计715种26712册，全数捐给北京图书馆（今国家图书馆），其中就包括了著名的“陶陶”和两卷施注《东坡和陶诗》。当时的中央文化部副部长郑振铎同志满腔热情地对他说：“您把最心爱的‘两陶’集都献了出来，真是毫无保留，难得！难得！”周叔弢选择北京图书馆作为捐书的所在，是经过审慎考虑的，他对儿子周珏

良说："捐书如嫁女儿，要找个好婆家，北京图书馆善本书部由赵万里先生主持，他是真懂书爱书的，手下又有他培养出来的如冀淑英同志等，书捐到那里可谓得所，我是放心的。" 竭尽大半生精力搜求古籍善本的周叔弢，他的藏书都是经过严格的"五好"标准挑选出来的，悬格极高，可以说他对每一册书都意笃情深。1942年因家用不足，忍痛割爱卖了明版书一百数十种，"去书之日，心中依依，不胜挥泪宫娥之感"。但他最终却能毫无保留，慨然赠书给国家，尤显其难能可贵的精神。现在，周先生等藏书家捐赠的古籍善本，与馆藏的其他善本书一样，都安居在国家图书馆的恒温恒湿的善本书库里，在周密的安全保卫措施和科学严格的管理制度下，具有古籍专业知识和丰富经验的工作人员对善本书进行保护、修复、研究整理、出版，为科研读者提供必要的阅览服务，古老的中华民族文化宝藏正焕发出新的青春。当年为收书、藏书、护书倾尽心力的藏书家们若地下有知，也该含笑九泉了。

出处　　李坚，《宋版〈陶渊明集〉、〈陶靖节先生诗注〉递藏源流》

传拓房山石经

题名 传拓房山石经

简介 佛教石经中规模最大、历史最久的文化珍品。存于北京房山云居寺石经山。山在云居寺东，故又称东峰。高约500米，开凿九洞，分上下两层。下层二洞，自南而北为第一、二洞；上层七洞，以雷音洞为中心，右面为第三、四洞，雷音洞为第五洞，左面顺次为第六、七、八、九洞。九洞之中以雷音洞开凿最早，原作经堂，称石经堂，有石户可启闭。其余八洞在贮满石经后即以石塞户熔铁锢封。至辽金时，又于山下云居寺西南隅开辟地穴两处，埋藏石经后合而为一，其上建塔镇之，称压经塔。1956年，北京图书馆、中国佛教协会等单位组织人力经过三年的努力，传拓房山石经7份22万余张，传拓数量可谓前无古人，堪称中国传拓史上最大的工程。房山石经拓片分藏在国家图书馆等6个公藏单位中，成为重要研究资料。

郑振铎专藏

题名	郑振铎专藏
简介	藏书家郑振铎（1898—1958年），字西谛，福建长乐人，现代著名作家、文学史家、藏书家。新中国成立后，历任中央人民政府文化部文物事业管理局局长兼中国科学院考古研究所和文学研究所所长。1954年任文化部副部长。1958年，率团出国访问，因飞机失事，不幸遇难殉职。郑振铎以毕生精力辛勤收集古今中外图书17000余部9万余册。其中宋、元、明、清古籍善本的数量及质量为当代私家藏书中所罕见。其藏书涉及历代诗文、词曲、小说、戏曲、宝卷、版画及经济史料类，大多是从研究工作的需要出发而收书，他“藏而致用”的收藏理念为界内所称道。他节衣缩食，孜孜以求，以对古籍的真知笃好，慧眼识宝，为国家、为民族保存了一批珍贵古籍文献，为国家的文化事业作出了巨大贡献。遇难之后，他的全部藏书由夫人高君箴女士秉承他生前的遗愿，捐献给国家，入藏国家图书馆。1963年，文物出版社出版了由国家图书馆编辑的郑振铎藏书目录《西谛书目》，以藏书中的古籍线装书为主，编成书目5卷，题跋1卷，成为供学术界研究的工具书。

瞿氏铁琴铜剑楼藏书

题名

瞿氏铁琴铜剑楼藏书

简介

铁琴铜剑楼是清代四大私家藏书楼之一，位于常熟市区以东古里镇。铁琴铜剑楼位于常熟古里镇西街，与山东聊城杨以增“海源阁”，归安陆心源“皕宋楼”，钱塘丁申、丁丙“八千卷楼”齐名，合称清代全国四大藏书楼。不仅在常熟历史上，而且从中国文化发展史看，自明代赵琦美“脉望馆”、毛晋父子“汲古阁”、清初钱谦益“绛云楼”、钱曾“述古堂”以后，瞿氏铁琴铜剑楼更有其独特的地位。铁琴铜剑楼之藏书，可以追溯到清代乾隆年间，经嘉庆、道光、咸丰、同治、光绪、宣统、民国数代，又从新中国成立至今，曲折绵延了200多年，经历了初创、发展、鼎盛、劫难、稳定、善终等阶段，给后人留下了比较完整的藏书和藏书楼，为中国历史文化发展作出了不可磨灭的贡献。藏书楼建于清乾隆年间，建筑面积285平方米。已经有200多年的历史，原名“恬裕斋”，创始人瞿绍基，瞿氏五代藏书楼主都淡泊名利，以藏书、读书为乐。瞿氏第二代、绍基之子瞿镛，对鼎彝古印兼收并蓄，在金石古物中，瞿氏尤为珍爱一台铁琴和一把铜剑，铁琴铜剑楼由此得名。楼主瞿氏数代藏书，绵延200多年，给后人留下了一笔丰富的文化遗产。1991年12月，铁琴铜剑楼纪念馆开馆。京师图书馆筹建之初，两江总督端方曾拟购瞿氏铁琴铜剑楼藏书，瞿氏不允，遂饬令其酌量呈献所存图书，1910年学部派京师图书馆监督缪荃孙亲赴江南，就其书目摘出71种孤本、钞本或外间罕见者予以精钞，再加以旧刊本，配成百种呈献。1911年仅钞成37种，加旧刊本13种。合为50种，呈交京师图书馆。

出处

李镇铭，《京师图书馆的基础藏书及其渊源》，《北京图书馆馆刊》1995年第3—4期，第113页

清刻龙藏

题名	清刻龙藏
简介	《龙藏》是历代封建中央政府所刻的一部汉文大藏，也是中国国内仅存基本完整的经版可刷印的大藏。1739年刷印100部之后，经板便移储故宫西华门内武英殿。1933年国民政府内务部将《龙藏》经板拨给了北平古物陈列所，1954年柏林寺调归北京图书馆使用，经板也随之交由北京图书馆管理。为使经板不受损失，北图在柏林寺南山门外盖了库房，列架保管。清刻《龙藏》是历代封建中央政府所刻的最后一部汉文大藏，也是中国国内仅存基本完整的经板且仍可刷印的大藏。有人说佛经大藏最早起于唐代，因而将“藏”字也解释成源于唐朝。这完全是一种误解。
出处	李致忠，《清刻〈龙藏〉漫议》

楚辞集注

题名	楚辞集注
简介	《楚辞集注》曾先刊行，今存者有宋嘉定六年（1213年）章贡郡斋刊本含《楚辞辩证》，《反离骚》附后，北京图书馆藏。《楚辞后语》是朱熹死后，由其子朱在于嘉定十年（1217年）刻印，此本今已失传。宋端平三年（1235年）朱熹之孙朱鉴才将三书合刊，在《楚辞集注》中删去复见于《楚辞后语》中的《反离骚》，在《楚辞后语》中删去了复见于《楚辞集注》中的《吊屈原赋》、《鹏赋》（即《鹏鸟赋》）。此本附有邹应龙、朱在、朱鉴的三篇跋文，为今存最早、最完整的《楚辞》刊本，北京图书馆藏。１９５３年人民出版社曾影印出版。尚有宋、元、明、清、民国各期刻本30余种。1979年上海古籍出版社出版了竖排校点本。楚辞集注八卷辩证二卷后语六卷，（宋）朱熹撰，宋端平刻本，国家图书馆。楚辞集注八卷辩证二卷，（宋）朱熹撰 ，反离骚一卷 ，（汉）扬雄撰，宋嘉定六年（1213年）王涔章贡郡斋刻本（卷一至二配清影宋抄本），杨讷庵圈点批校，国家图书馆。毛泽东的藏书中，最著名的要算《楚辞集注》了。1972年9月27日，毛泽东在会见日本内阁总理大臣田中角荣时，赠送他一部《楚辞集注》，此书因而闻名天下。

样式雷图档

题名	样式雷图档
简介	“样式雷”是对清代二百多年间主持皇家建筑设计的雷姓世家的誉称。作为我国古代科技史上成就卓著的杰出代表，其建筑创作涵盖了都城、宫殿、园林、坛庙、陵寝、府邸、工厂、学堂等皇家建筑，如被誉为“万园之园”的圆明园、世界文化遗产承德避暑山庄与外八庙、北京故宫、天坛、颐和园、清东陵与西陵、沈阳故宫与永陵、福陵、昭陵，全国重点文物保护单位北海以及中南海、恭王府等等。与此对应，还有近两万件样式雷建筑图档珍藏在中国国家图书馆、中国第一历史档案馆和故宫博物院等单位，涉及相关建筑选址、规划设计和施工等多方面的详情细节，对清史、古代科技史尤其是建筑史（包括图学史，建筑设计思想、理论和方法，施工技术和管理制度等），以及相关文物建筑保护和研究，均具巨大价值，一向受到学术界高度重视。

京张铁路照片集

题名	京张铁路照片集 16张
简介	1909年9月30日，这段铁路建成通车，迄今已经100多年了，这是第一条真正意义上中国人用自己的钱、自己的脑力和毅力打造，独立修建、自行管理的铁路。（北）京张（家口）铁路修建前，国民并不认同铁路。在维新派和洋务派人士的长期努力下，铁路才逐渐为国人所接受，利用关内外铁路盈余修筑京张铁路终于被提到日程上来。但是英俄两国又为修建铁路的主持承办权相持了年余，最后英国终于同意清政府1905年起提用关内外铁路余利自行修筑京张铁路，俄国也因中国人不请英国人主持修建而默许。1905年5月，袁世凯奏准开办京张铁路，同月在天津设京张铁路局，派陈昭常为总办，詹天佑为会办兼总工程师，筹备筑路事宜。当时的清廷缺乏信心，然而詹天佑力主：“此项路工实关大局，窃谓我国地大物博，而于一路之工，必需借重外人，引以为耻！”于是“力任其难，勉副众望”，中国铁路人自主创新的艰辛历程自此举步。詹天佑在美国耶鲁大学完成铁路工程的学业，于1888年到中国铁路公司任工程师。1905年，詹天佑被派任京张铁路总工程师兼会办，后又升任总办，主持修建北京到张家口的铁路。八达岭山区地势险、坡度大，詹天佑没有采取通常的螺旋式的线路，而是从青龙桥起，依着山腰作“之”字形线路。列车行到这里，改用大马力机车从后面推列车前进；到“之”字的交叉点时，再加用一台机车在前面把列车往上拉。这样，创造出双头列车。1909年，这条中国自己设计修建的第一条铁路提前两年完成，工程费用比预算节约了28万两银子。詹天佑名声大振，在长城脚下，还特别为他塑像以示纪念。

东巴舞谱

题名　东巴舞谱

简介　东巴舞谱墨写本。高9.5厘米，宽29.4厘米，每页三行，每行竖线不等，硬笔墨写，此书是宗教舞典，其步法、姿态各有其名，或模仿猛兽，或模仿神人，是世界上较早的舞谱。纳西族的乐舞文化1000年以前就可见于其东巴文献——《东巴舞谱》的记载当中。《东巴舞谱》是世界上唯一用象形文字书写，并且迄今仍然存活于世的古代舞谱，其中对纳西族的古代乐舞作了大量详实的专门记载与描述，是今人研究古代民族乐舞的珍贵史料。除东巴乐舞以外，纳西族的舞蹈形式最具代表性的有丧葬歌舞“窝热热”，民间娱乐性歌舞“窝玛达”、“阿丽丽”、“呀哈哩”，以及民间乐舞“筚篥蹉”、“芦笙蹉”等等。

傣文贝叶经

题名　傣文贝叶经

简介　贝叶经是用贝多罗树叶刻写的经书。每片约高6—7厘米，宽60厘米，一端穿孔，每十多页用绳拴成一册，长篇经典有的多达10或20余册，经册边缘涂金粉或黑粉，精致美观，贝多罗树叶不怕潮湿，不易磨损，可正反两面刻写，所刻文字常年不变，傣族人常用其刻写有价值的典籍。国图现存《傣文贝叶经》是一套纲要式的经典，这套经典三藏名目齐全，虽具体品类还缺很多，但也可窥见傣文大藏经之概貌。

出处　任继愈，《中国国家图书馆古籍珍品图录》，北京图书馆出版社1999年版

西夏文献

题名	西夏文献
简介	1917年在宁夏灵武县发现的大量西夏文献，现大部分已由国图收藏。这批西夏文献购于1928年，总计文献17种，有100余卷，约有数千页面。其中既有西夏时期的文献，如《大般若波罗密多经》、《慈悲道场忏罪法》等；也有蒙古时期、元代的文献，如《金光明最胜王经》、《添品妙法莲华经》、《悲华经》等。其中以佛经为主，也有世俗文献，如《瓜州审案记录》。国内如宁夏、甘肃、内蒙古也陆续出土了不少西夏文文献，但国内藏西夏文文献仍以国家图书馆为首富。馆藏文献为西夏、元代古本，据今有七八百年的历史，皆属于宋、元时期的善本之列。其中有不少属于海内外孤本，如《不空羂索神变真言经》、《经律异相》、《悲华经》等都是国内外收藏西夏文献的部门所没有的佛教经典。另有一些文献其他部门虽有收藏，但与国家图书馆所收卷次不同，或版本不同，也应属于孤本。如《大般若波罗密多经》、《金光明最胜王经》、《大方广佛华严经》、《添品妙法莲华经》、《悲华经》等皆属此类。总之馆藏大部分西夏文文献都是珍贵的孤本。
出处	史金波，《国家图书馆藏西夏文文献在西夏学中的地位》

共产党宣言第一个中译本

题名 《共产党宣言》第一个中译本

简介 陈望道译，上海社会主义研究社，1920年8月，1册，56页，32开。竖排平装本，报纸印造。封面为红印马克思半身肖像，肖像上面大字横题书名“共党产宣言”，用小字标注“社会主义研究小丛书第一种”字样，这是《共产党宣言》第一个中文译本第一版第一次印刷的版本。二印本封面为蓝印马克思半身肖像，书名更正为“共产党宣言”。陈望道是在艰苦与危险的环境下进行翻译工作的，他于1920年三四月份在故乡义乌分水塘破陋的柴屋里进行翻译。为防备敌人的突然搜查，他在柴屋里摆放了几件用具，一块铺板，两条长凳，既当书桌又当床，经过无数个日日夜夜，终于完成了这部经典巨著的翻译，并将它带到上海，在上海共产主义小组办的又新印刷所中印出。1920年8月，《共产党宣言》第一个中译本第一次印刷本问世。

出处 《国家图书馆藏珍贵革命历史文献图录》

邸报

题名　邸报

相关信息　1852—1905年，中国最早的报纸

简介　《邸报》是我国最早的报纸，创办于2000多年前的西汉初期（约公元前2世纪左右）。当时西汉实行郡县制，在全国分成若干个郡，郡下再分若干个县。各郡在京城长安都设有驻京办事处，这个住处叫做“邸”，派有常驻代表，他们的任务就是要在皇帝和各郡首长之间做联络工作，定期把皇帝的谕旨、诏书、臣僚奏议等官方文书以及宫廷大事等有关政治情报，写在竹简上或绢帛上，然后由信使骑着快马，通过秦朝建立起来的驿道，传送给各郡长官。这就是《邸报》产生的背景。中国是世界上最早出现报纸的国家，最先出现的是官报，也就是邸报。关于古代报纸的出现，学术界有着不同的说法，但是当代新闻界总体肯定的一点是源于唐代，最有代表性的是著名新闻史学家方汉奇先生。他认为报纸源于唐代。20世纪80年代，史学研究者在现存的敦煌文物中，先后发现了两份唐代的进奏院状，这是现存的中国最古老的报纸，也是世界上最古老的原始报纸。

泰晤士报

题名 泰晤士报

相关信息 该报创刊于1785年，我馆收藏的最早（1899年）的外国报纸

简介 《泰晤士报》（*The Times*）是英国的一张综合性全国发行的日报，是一张对全世界政治、经济、文化发挥着巨大影响的报纸。《泰晤士报》隶属于鲁珀特·默多克的新闻集团。长期以来，《泰晤士报》一直被认为是英国的第一主流大报，被誉为“英国社会的忠实记录者”。《泰晤士报》在英国国内政治和国际关系问题上扮演了重要角色。在被鲁珀特·默多克收购之后，有指《泰晤士报》的风格逐渐趋向保守。《泰晤士报》的英文名称“The Times”，中文直译过来应该是《时报》，然而它的译名却变成与读音相近但毫无关联的“泰晤士河”（River Thames）一样。由于约定俗成的关系，错译保留至今。现今世界各地有许多名为Times的报章，如《纽约时报》（*The New York Times*）。为了区分出来，《泰晤士报》有时被英语使用者称为《伦敦时报》（*The London Times*）。《泰晤士报》是世界上第一张以“Times”命名的报纸。